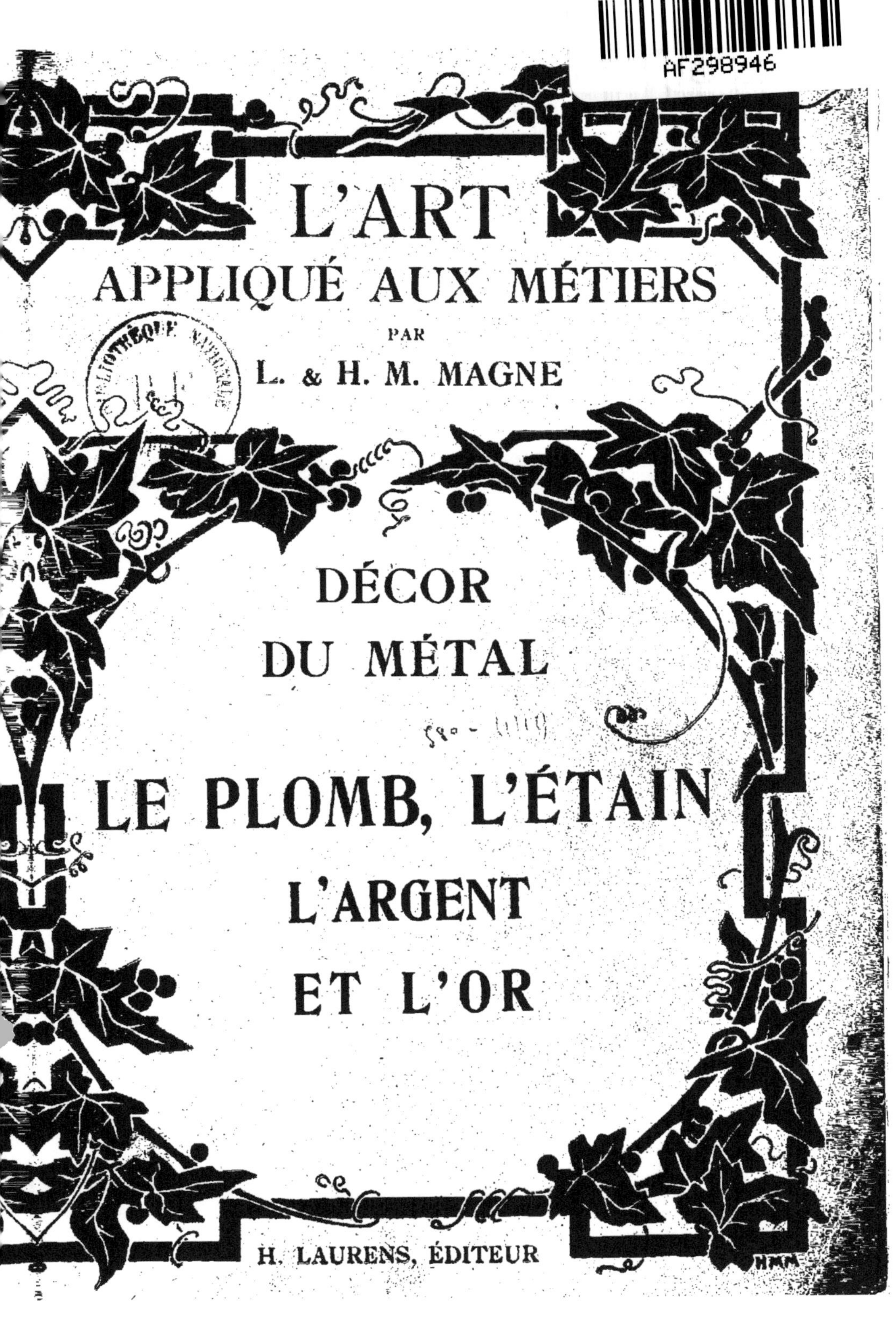

L'ART APPLIQUÉ AUX MÉTIERS

PAR

L. & H. M. MAGNE

DÉCOR DU MÉTAL

LE PLOMB, L'ÉTAIN L'ARGENT ET L'OR

H. LAURENS, ÉDITEUR

DÉCOR DU MÉTAL

LE PLOMB, L'ÉTAIN, L'ARGENT
ET L'OR

L'ART APPLIQUÉ AUX MÉTIERS

Ouvrage publié sous les auspices de la Société de l'Art appliqué aux Métiers

---

LISTE DES NEUF VOLUMES

QUE COMPRENDRA L'OUVRAGE

PARUS

A PARAITRE

DÉCOR DU MÉTAL

LE PLOMB, L'ÉTAIN
L'ARGENT ET L'OR

MONNAIES ET MÉDAILLES

PAR

Lucien MAGNE

INSPECTEUR GÉNÉRAL DES MONUMENTS HISTORIQUES
PROFESSEUR A L'ÉCOLE DES BEAUX-ARTS ET AU CONSERVATOIRE DES ARTS ET MÉTIERS

ET

Henri Marcel MAGNE

PROFESSEUR AU CONSERVATOIRE NATIONAL DES ARTS ET MÉTIERS

OUVRAGE ILLUSTRÉ DE 120 GRAVURES

PARIS

LIBRAIRIE RENOUARD — H. LAURENS, ÉDITEUR

6, RUE DE TOURNON, 6

1922

LE PLOMB, L'ÉTAIN, L'ARGENT ET L'OR

MONNAIES ET MÉDAILLES

I

LE PLOMB

Procédés de travail : coulage, laminage, fonte.
Décor par le plomb battu, découpé et repoussé ou fondu, des éléments
de toitures (arêtiers, poinçons, faîtages, lucarnes, chéneaux).

Le plomb se prête, mieux que tout autre métal, au travail de
découpage et de martelage à froid, en raison de sa très grande
malléabilité, ou au travail de fonte, en raison
de sa basse température de fusion.

On l'extrait d'un sulfure (galène) distribué
en filons dans les terrains anciens, en Saxe,
en Angleterre, en France (Lozère et Bretagne),
en Algérie. La galène, grillée à l'air, est trans-
formée en oxyde et réduite ensuite au contact
du charbon dans des fours assez allongés pour
que le minerai s'échauffe graduellement en
utilisant la chaleur du four.

Le plomb est généralement mélangé avec
d'autres métaux tels que l'argent, l'antimoine,
qui modifient ses qualités de malléabilité et de
résistance. L'argent en est séparé par divers
procédés. Un refroidissement lent peut isoler les cristaux de

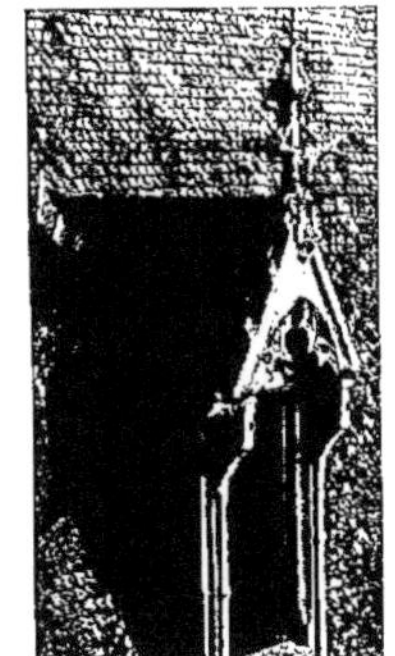

Fig. 1. — Lucarne
revêtue de plomb
à l'hôtel Jacques
Cœur, à Bourges.

plomb pur et le résidu, qui contient l'argent, est chauffé au rouge au contact de l'air qui oxyde le plomb seul : après élimination de la litharge, l'argent est recueilli au fond du creuset.

On procède aussi par addition de zinc au plomb en fusion : elle détermine la formation de croûtes retenant l'argent dans un alliage d'où le zinc sera éliminé par distillation : comme dans la première méthode, la « coupellation » sépare l'argent du plomb.

Le plomb a été connu et employé dès la plus haute antiquité, soit fondu, soit réduit en tables, en tuyaux, en vergettes par le coulage et le battage.

Du XVIᵉ siècle date l'étirage du plomb pour les vergettes des vitraux, jusque là coulées dans des lingotières ; le laminage et l'étirage à la filière sont les procédés modernes qui donnent une épaisseur plus régulière, mais une résistance moins grande que n'en donnaient le coulage et le battage.

Le plomb s'oxyde à l'air, mais l'oxydation est superficielle et préserve le métal.

Aussi l'a-t-on employé dans la construction des monuments grecs, comme le Parthénon et l'Erechthéion, pour sceller et mettre à l'abri de l'air les crampons, tenons et chaînages de fer qui, en l'absence de mortier, agrafaient les assises de marbre.

De même, à Pompéi, les Romains en firent usage pour l'adduction des eaux au moyen de tuyaux faits de plomb rabattu et soudé.

Il ne semble pas que, dans les civilisations antiques, le plomb ait eu d'autre emploi que ces usages strictement utilitaires ; on ne l'avait mis en œuvre, pour la couverture des terrasses, ni en Égypte ni en Chaldée. La terre cuite pouvait fournir une excellente couverture et les débris de grandes tuiles recueillis en Susiane semblent bien indiquer l'emploi de la tuile pour la protection des terrasses des palais.

C'est aussi par la terre cuite que les Grecs protégeaient les charpentes de leurs combles, qui étaient peu inclinés : tantôt les eaux, glissant sur les tuiles, tombaient directement sur le sol, tantôt elles étaient recueillies dans des chéneaux et projetées loin des murs par des têtes d'animaux (gargouilles) formant saillies sur le chéneau. Pour éviter la sécheresse de longues lignes droites, des tuiles à hauts reliefs (antéfixes) ornaient les extrémités des couvre-joints, dentelant les crêtes et les bases des combles.

Pendant la période du moyen-âge, l'usage de la tuile fut conservé dans tous les pays riches en terre plastique et, si l'écoulement des eaux, dans des régions exposées aux pluies. nécessitait pour la couverture des pentes plus rapides, on employait la tuile à crochet, parfois émaillée, non seulement pour les grandes surfaces à couvrir, mais pour les pièces formant couvre-joints à la rencontre de ces surfaces (faîtières ou arêtiers). On couvrit même ainsi en Bourgogne et en Bresse des flèches d'églises (église de Louhans) et on les termina par des poinçons en terre cuite.

Cependant, avec des inclinaisons aussi fortes que celle des flèches, la tuile était d'un emploi difficile et, dans les pays où les schistes ardoisiers étaient abondants, l'ardoise fut préférée à la tuile. Débitée par le clivage en minces plaquettes, elle ne pouvait se prêter comme la terre plastique aux formes variées des éléments divers d'une couverture.

Le métal, et un métal très malléable, pouvait seul s'adapter à toutes les inclinaisons des charpentes, raccorder à leur jonction les deux pans d'un comble en empêchant toute infiltration d'eau, rendre étanche la surface des chéneaux en bois ou en pierre en assurant le bon écoulement des eaux pluviales.

Toute nécessité de construction, si elle est sincèrement exprimée, peut conduire à une solution artistique. C'est en étudiant chacun des ouvrages de plomberie en vue de sa destination et en profitant des qualités d'un métal mou, de couleur sombre, pour obtenir sur les combles, suivant les besoins de la construction, des formes décoratives donnant leur effet en silhouette, que les artistes français ont créé ces poinçons et ces crêtes qui, alliés souvent à une couverture en tuiles ou en ardoises, accompagnent et couronnent si bien les toitures des édifices civils ou religieux.

La saillie hors comble d'un poinçon de bois assemblant les arêtiers d'une croupe était une nécessité de construction que l'art pouvait interpréter. Le plomb enveloppait le bois d'un revêtement étanche, par assemblage de feuilles superposées. Sur ce revêtement étaient soudés à hauteur convenable des supports de cuivre ou de fer étamé, que recouvrait, comme d'une gaine, la tige de chaque ornement repoussé ou fondu. Une telle disposition n'était pas seulement favorable au montage des pièces décoratives : elle rendait le revêtement indépendant de ces pièces et, en évitant de lui donner des développements trop étendus, elle laissait le jeu nécessaire à la dilatation de chaque feuille.

Il y a, en effet, un certain nombre de précautions à prendre pour que l'emploi du plomb ne donne lieu à aucun déboire, au point de vue de l'étanchéité et de la durée de l'ouvrage.

La dilatation du plomb est importante sous les effets du soleil, à cause de sa nature métallique et de la couleur foncée qu'il prend à l'air : de là, la nécessité de recouvrements à dilatation libre, sans soudures qui provoqueraient, par la suite, des boursouflures, des retraits et des ruptures tendant à la dislocation de l'ensemble ; on y parvint en soutenant chaque feuille, laissée libre, à l'aide de pattes exécutées en métal plus résistant (cuivre ou fer étamé).

Mais, pour éviter l'introduction de l'eau par capillarité à la jonction des feuilles, on enroula les extrémités des feuilles contiguës en les superposant pour former bourrelet et on limita la largeur et la longueur des feuilles pour limiter en même temps les effets de la dilatation.

Il fallait parer, d'autre part, au risque que le métal offre de se déchirer, tant en raison de son poids que de sa mollesse : de là des systèmes particuliers d'agrafages en losange permettant de soutenir sur deux côtés le poids de la feuille de plomb.

A ces risques s'ajoutent ceux qui s'attachent aux effets chimiques auxquels le plomb est soumis.

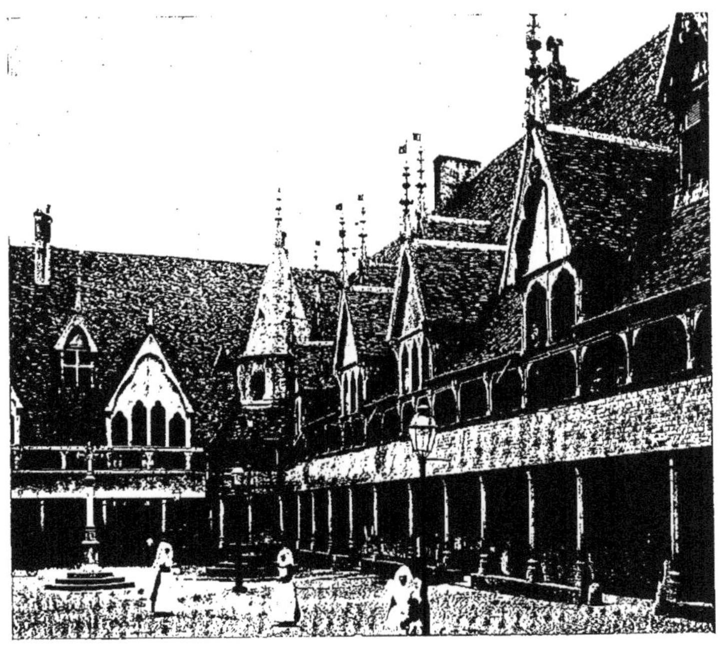

Fig. 2. — Couverture en terre vernissée avec faîtages, arêtiers et épis en plomb, à l'hôtel-Dieu de Beaune.

Le plomb est attaqué par l'acide pyroligneux, acide acétique impur qui se produit dans le bois sous l'effet de la chaleur et forme un acétate de plomb ; avec les bois flottés et très secs qu'on employait jadis, le danger était moindre qu'aujourd'hui. D'ailleurs les plombs anciens n'étaient pas en contact parfait avec le bois et c'est à tort que, de nos jours, on a cherché une adhérence parfaite qui détermine l'échauffement du bois enveloppé de plomb. Pour y parer, on peut, soit enduire de minium la surface du bois qui doit être recouverte de plomb, soit employer des bois résineux ou recouvrir de planches résineuses le chêne ou le châtaignier constituant la charpente, car les bois résineux n'offrent pas les inconvénients de cette distillation que présentent le chêne et le châtaignier.

Le plomb est également attaqué par le salpêtre, fréquent dans la construction lapidaire.

Enfin des désagrégations de métal peuvent se produire par les effets électriques qui proviennent du contact du plomb et d'un autre métal, tel que le cuivre, en présence de l'humidité ; il y a lieu de remarquer qu'une pente assez forte pour éviter le séjour de l'eau semble suffire à remédier à cet inconvénient, puisque la couverture de la cathédrale de Chartres, faite de feuilles de plomb avec agrafes de cuivre, a subsisté jusqu'à l'incendie de la charpente en 1836.

Les artistes du moyen-âge ont su satisfaire à toutes ces conditions essentielles dans l'emploi qu'ils ont fait du plomb pour les toitures, adaptant le décor à la construction des charpentes et trouvant matière à ce décor dans toutes les pièces formant contour ou saillie, poinçons, arêtiers, faîtages.

Dans le même esprit judicieux, évitant le travail de fonte, ils se sont tenus presque exclusivement à la technique du repoussage, la plus favorable pour que le poids fût minimum et l'effet aussi léger que possible.

Le repoussage était d'ailleurs le procédé qui met le mieux en évidence la personnalité de l'ouvrier et aide au développement de son initiative ; c'est par le découpage des silhouettes sur le ciel et par le modelé très large des ornements que l'artisan accuse les lignes du décor.

Le procédé du repoussage employé pour l'exécution des ornements en plomb ne diffère pas beaucoup du procédé du relevage au marteau qu'on emploie pour le fer battu ou la tôle laminée.

La première opération consiste dans le traçage, sur la feuille de métal, des contours de l'ornement développé et dans le découpage de la feuille suivant ces contours.

Le développement suivant les contours de l'ornement est en effet indispensable si l'on veut obtenir par reliefs et modelés, conformes aux indications d'un dessin, la silhouette cherchée. Des ciseaux suffisent au découpage de la feuille de plomb.

Pour le fer, plus résistant que le plomb, le relevage est exécuté à froid sur un outil de fer, serré dans un étau, sur lequel le métal se relève à chaque coup de marteau, le modelé étant obtenu par plans ; c'est ainsi que l'on procède pour le plomb, avec cette différence que l'outil sur lequel est frappée la feuille est un mandrin en bois et le marteau, un maillet.

Les plombs anciens semblent avoir eu des qualités qui font défaut aux plombs modernes. On extrayait le métal de minerais très riches : on n'en isolait pas comme aujourd'hui l'argent, l'arsenic, l'antimoine et il est possible d'attribuer à l'alliage du plomb avec d'autres métaux la résistance des plombs anciens, plus épais d'ailleurs (4 à 5 millimètres) que les nôtres. Aujourd'hui les feuilles que livre le laminage sont plus minces et d'autant moins résistantes qu'elles sont plus minces.

Ces qualités des plombs anciens étaient d'autant plus précieuses que, si le repoussage du plomb est plus facile que celui de métaux moins malléables comme le fer ou le cuivre qui s'écrouissent sous le marteau, il n'offre pas la facilité du recuit que permettent ceux-ci.

Dans le travail au repoussé, c'est par tâtonnements que l'ouvrier coupe la feuille de plomb suivant le contour d'ornements développés : il peut ainsi risquer de ne pas reproduire avec une précision absolue la composition dessinée ou modelée, mais la feuille conservera son épaisseur à peu près régulière puisque l'ouvrier aura tenu compte en la découpant de la quantité de métal nécessaire au développement des saillies.

Pour obtenir un ornement très régulier, on peut fondre sur le modèle en plâtre, exécuté d'après le dessin, deux matrices en fonte de fer donnant par estampage l'ornement d'une seule pièce, mais c'est par écrasement du métal que sera obtenue la forme et les inégalités d'épaisseur, qui en résulteront, détermineront sûrement, par suite des effets de dilatation, des déchirures du plomb.

D'ailleurs il faut, pour sortir du moule dont elle reçoit l'empreinte par estampage, que la pièce soit de « dépouille ». Il faut donc renoncer aux modelés larges et souples, aux évidements profonds et à ces jeux de lumière qui caractérisent le plomb repoussé et qui aident si bien à l'interprétation de la faune et de la flore.

Bien que la fonte n'ait pas les inconvénients de l'estampage, elle supprime aussi les modelés par plans que l'ouvrier réalise à coups de maillet et qui évitent la mollesse de contour des pièces fondues : la fonte régularise l'ouvrage, mais elle ne lui donne pas le caractère original et individuel qu'il ne peut tenir que du travail manuel.

Elle a en outre le défaut de ne pas permettre la réalisation de silhouettes aussi légères que les donne le repoussage ; enfin le poids des pièces ainsi réalisées est plus lourd que celui des ornements martelés et charge inutilement les charpentes.

C'est ce qui explique pourquoi les artistes du moyen-âge réservèrent exceptionnellement le travail de fonte à des pièces détachées dont l'exécution était ainsi rendue plus facile, mais n'en généralisèrent pas l'emploi au revêtement des combles, comme on le fit plus tard, au grand détriment de l'aspect et de la durée.

POINÇONS ET ARÊTIERS. ÉPIS

Du XIIIe au XVe siècle, si l'on en juge par les rares ornements de plomb conservés et surtout par ceux qui sont peints sur les miniatures, le décor des poinçons et des crêtes est un décor floral qui se combine, au XVe siècle, avec des ornements linéaires.

De cette époque datent les poinçons les plus anciens qui nous aient été conservés, ceux des grandes lucarnes de l'hôtel-Dieu de Beaune et de l'hôtel de Jacques Cœur à Bourges (fig. 1).

Tandis que, dans toute la région méridionale, la tuile creuse était préférée à l'ardoise, les architectes bourguignons, adoptant une inclinaison de comble analogue à celle en usage dans l'Ile-de-France, remplaçaient, à l'hôtel-Dieu de Beaune, la tuile creuse, faite pour les combles de faible inclinaison, par la tuile plate à crochet, et, pour en assurer la durée aussi bien que pour en obtenir un effet

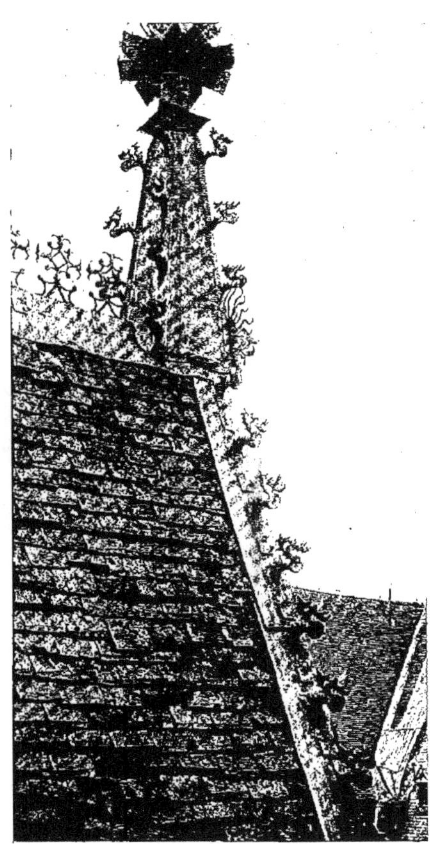

Fig. 3. — Crochets de rive et épi de lucarne, à l'hôtel-Dieu de Beaune.

décoratif, les pièces étaient émaillées de tons divers : brun, rouge, vert et jaune.

Mais le plomb pouvait parer, mieux que la terre cuite, aux infiltrations d'eau pour les pièces détachées des poinçons, arêtiers et

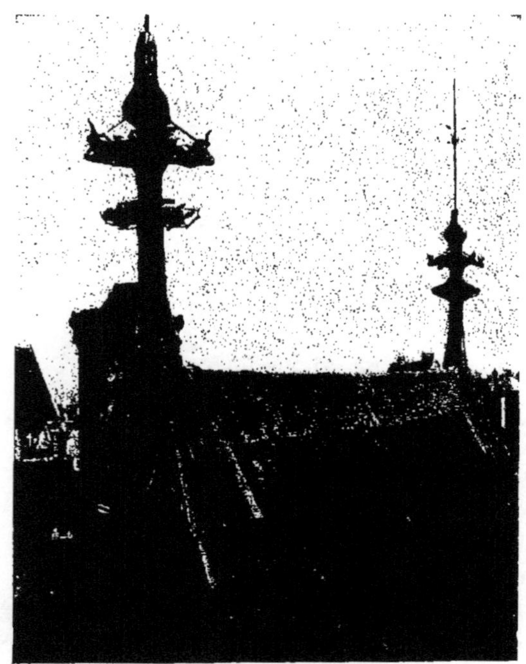

Fig. 4. — Épis et faîtage en plomb de l'hôtel Jacques Cœur, à Bourges.

crêtes qu'une large bande à cheval, servant de support aux ornements, mettait à l'abri de l'eau.

Ainsi, à l'hôtel-Dieu de Beaune, les épis, faîtages et arêtiers (fig. 2) sont en plomb : les bouquets des épis sont, comme les crochets de leur souche, modelés au repoussé, tandis que les couronnes et les dais qui divisent la pointe des épis sont, seuls, formés de pièces fondues, et soudées sur une armature. Le plomb revêt encore à Beaune les lucarnes (fig. 3) et les chéneaux.

A l'hôtel de Jacques Cœur, la forme des épis (fig. 4) n'est ni moins intéressante ni moins variée. Le principe de l'isolement de la souche par une gaine formée de feuilles superposées y est très nettement indiqué et les attachés des feuilles rapportées sur cette gaine sont très visibles.

Pour les bouquets, formés de quatre feuilles de chardon très ajourées, l'affaissement du métal est évité par de petits tendeurs de fer étamé, rattachés à l'armature principale et traversant le couronnement de la gaine.

La souche descendait assez bas pour amortir la bande de faîtage ; elle était enrichie sur trois faces par des ornements exécutés au repoussé. La dorure posée sur les reliefs ou dans les fonds variait et accusait le décor.

A Bourges comme à Beaune, la charpente des lucarnes était revêtue de plomb et les bouquets de leurs poinçons étaient consolidés de même par des attaches inclinées. Les revêtements des gâbles, des tympans, des arcatures, des consoles et des poteaux formaient autant de pièces séparées dont rien ne contrariait la libre dilatation et les crochets étagés sur les gâbles étaient des ornements rapportés.

A l'hôtel Jacques Cœur, la couverture est en ardoise épaisse de petit échantillon. Il est à remarquer que les arêtiers des anciennes couvertures en ardoise sont toujours à arêtes vives, l'arêtier de bois étant protégé par le chevauchement alterné des ardoises de chaque rang.

Les noues étaient exécutées de même en ardoises, sans interposition de plomb ; les ardoises étaient taillées pour épouser la surface conique raccordant les deux pans de couverture. On évitait ainsi la sécheresse des lignes de tranchis d'ardoises dans la noue en plomb.

Le décor des épis admettait toujours sur les arêtes, au xve siècle, des crochets dont les saillies évitaient la monotonie des lignes droites. Cette disposition existe encore sur l'épi de l'escalier de l'hôtel de Bourgthéroulde à Rouen, sur ceux du château de

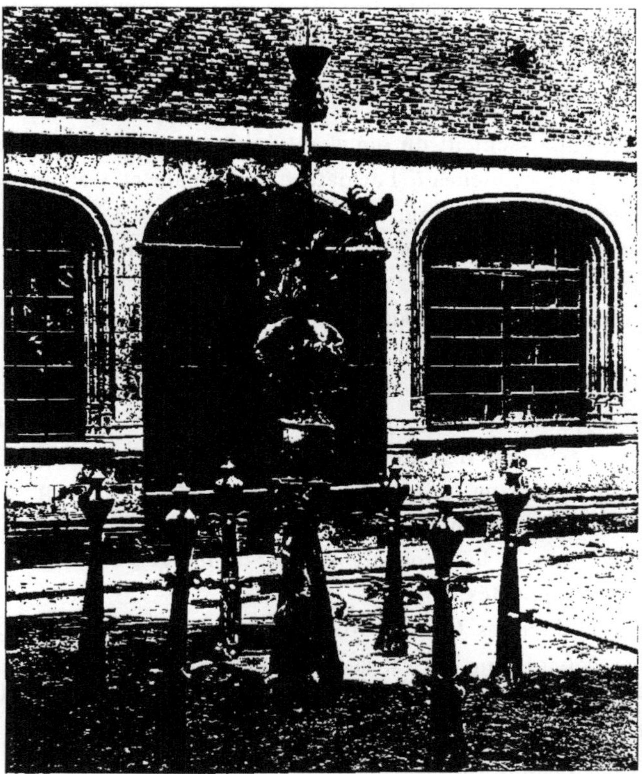

Fig. 5. — Grand épi à décor de chardon et petits épis, à l'ancien château de Gien.

Meillant (Cher), du château de Durtal (Maine-et-Loire), ceux-ci d'exécution plus brutale, mais constituant toujours des ornements rapportés sur une gaine. C'est sur les mêmes données qu'ont été reconstitués de nos jours les poinçons du bâtiment de

Louis XII au château de Blois et ceux du pavillon neuf complétant le Palais de Justice de Rouen.

Une restauration des toitures du château de Gien, nécessi-

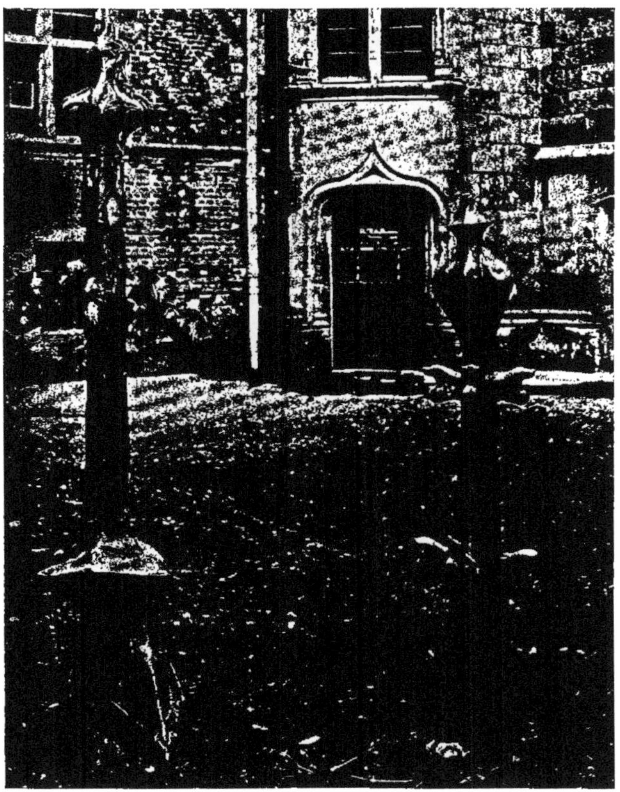

Fig. 6. — Épis secondaires de tourelles à l'ancien château de Gien.

tant un démontage des épis pour la consolidation des plombs affaissés, permit de bien analyser la disposition des gaines, leur recouvrement de bas en haut sur les parties de moulure, la soudure des agrafes portant les feuilles et les crochets et aussi

le procédé employé pour l'exécution des ornements, les uns
fondus, les autres modelés au repoussé, mais toujours traités en
pièces d'applique montées séparément en vue d'assurer la
complète étanchéité des parties revêtues. Le décor du grand
poinçon à chardons (fig. 5) s'épanouissant en fleurs consti-

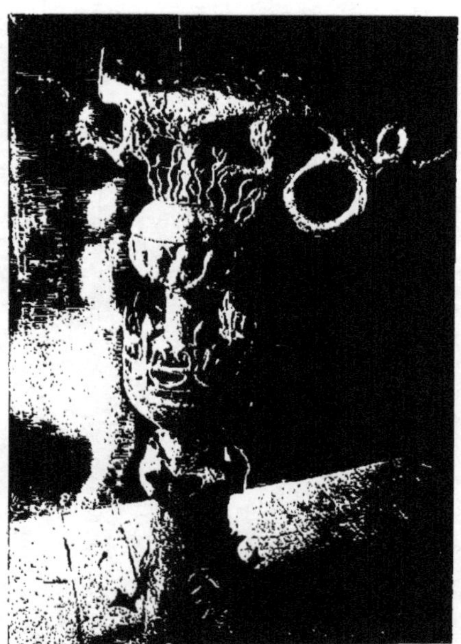

Fig. 7. — Épi de l'hôtel de ville de Saumur. Salamandre et couronne dorées.

tuées par des godets fermés servant d'appui aux petites feuilles
qui prolongent les tiges est d'un modernisme particulièrement
intéressant. Les petits poinçons (fig. 6) sont aussi remarquables.

Il est regrettable que les ouvrages anciens de plomberie qui
subsistent encore en grand nombre, et qui sont presque tous des
chefs-d'œuvre de maîtrise, ne soient pas mieux connus ni mieux

protégés, car ils fournissent les plus précieux exemples. Ces poinçons du xv⁰ et du xvi⁰ siècle sont encore très nombreux et leurs ornements très variés (hippocampes à la base des poinçons de l'hôtel Fumay de Poitiers, salamandre couronnant un épi à l'hôtel de ville de Saumur) (fig. 7).

Au début du xvi⁰ siècle, les silhouettes des épis du xv⁰ siècle subsistaient, avec les lignes de crochets traités dans le goût du jour : la partie supérieure de l'épi prenait la forme d'un élégant balustre, donnant appui à des consoles ajourées qui remplaçaient les feuilles de chardon du xv⁰ siècle (poinçons du château du Moulin en Sologne, d'une maison ancienne rue Vannerie à Dijon).

Le château d'Azay-le-Rideau présente (fig. 8) plusieurs poinçons qui montrent combien, dans l'adaptation du décor dit « à l'antique », les artistes français surent produire des œuvres dignes des formes traditionnelles et de la technique du moyen-âge.

Au xvii⁰ siècle, le décor des poinçons se simplifie en s'alourdissant. Il se réduit à des vases dont la saillie au-dessus du faîtage n'est pas considérable (poinçons sur l'abside de l'Oratoire à Paris, sur la chapelle du château de Serrant, sur les dépendances du château d'Azay-le-Rideau).

FAÎTAGES. CRÊTES

Le décor des crêtes avait suivi celui des poinçons. La base de la décoration d'une crête est la bande à cheval bien appuyée sur la charpente et dont les tables ne dépassent pas en longueur 1 mètre à 1 m. 50. Des armatures de fer, fixées par des pattes en forme de V renversé sur le faîtage, soutiennent les ornements de plomb en même temps qu'elles déterminent la division des motifs.

Viollet-le-Duc a justement assimilé les ornements de ces crêtes à ceux des châsses qui, faits en métal plus résistant, sont parvenus jusqu'à nous, mais il met en garde les artisans contre l'erreur qu'ils commettraient en ne tenant pas compte des différences d'échelle et surtout de la place qu'occupe à grande hauteur une crête se détachant en silhouette sur le ciel. La lourdeur n'en peut être évitée que par de larges ajours laissant passer la lumière.

Il n'est personne qui n'ait observé les dimensions anormales que prennent, faute de points de repère, les moindres objets qui se détachent en silhouette sur l'horizon. La même observation est à faire sur les monuments pour les parties qui s'enlèvent en silhouette sur le ciel et doivent être étudiées en conséquence.

Les miniatures des manuscrits n'indiquent, jusqu'à la fin du xive siècle, que des crêtes d'un développement restreint au-dessus de la ligne de faîte. Cependant sur la miniature des Heures de Chantilly représentant le château de Saumur, des fleurs de lys se détachent en silhouette sur le ciel.

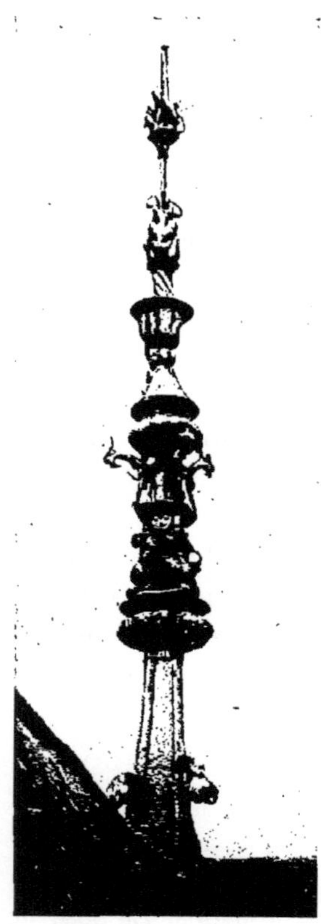

Fig. 8. — Épi du château d'Azay-le-Rideau.

A partir du xve siècle, soit pour mieux maintenir les supports, soit pour relier les épis, soit pour élever les crêtes, on établit au sommet de la crête et parallèlement au faîtage, une sorte de main courante soutenant un treillis métallique qui servit de support aux ornements en plomb. Les combinaisons linéaires eurent

alors un rôle plus important dans la décoration des crêtes et le
décor floral eut surtout pour objet d'enrichir les lignes de division en accusant des motifs largement traités. Souvent la main

courante est interrompue
par des ornements sail-
lants en forme de ba-
lustres qui accusent les
divisions verticales.
Pour faciliter le mon-
tage, l'ornement était
parfois en plusieurs
pièces réunies par une
soudure : souvent aussi il
était embouti d'une seule
pièce.

D'ailleurs on ne se
contenta pas de l'ajou-
rage des ornements sail-
lants dont les modelés
larges et souples carac-
térisaient l'emploi du
métal mou. La bande
de faîtage elle-même,
comme on le voit au
château d'Azay-le-Ri-
deau et au château du
Moulin en Sologne, par-
ticipait à la décoration
de la crête par des orne-
ments, tantôt repoussés,

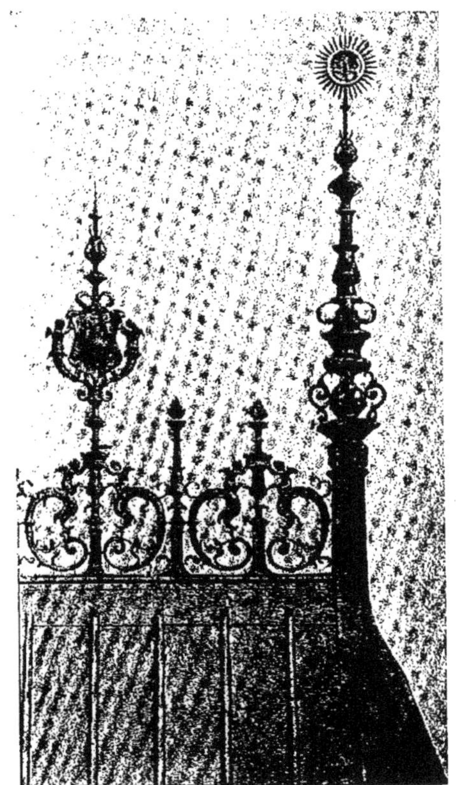

Fig. 9. — Épi et crête en plomb restaurés par
Sauvageot sur la tour du Gros Horloge, à
Rouen.

tantôt dessinés par l'or et que la conservation de la couche de
mixtion laisse apparaître encore. Une des crêtes les plus élégantes
est celle que Sauvageot a restaurée sur le « Gros Horloge » à
Rouen (fig. 9).

A partir du xviie siècle, le travail si délicat du repoussage fut complètement abandonné pour la technique de la fonte, dans le décor des toitures. A Versailles, les combles des bâtiments de la cour de marbre, seule partie du palais, avec la chapelle, qui ne soit pas couverte en terrasse, ont conservé leurs membrons ornés de lambrequins se découpant sur l'ardoise et, aux angles, sont des vases rappelant les épis qui, au xve et au xvie siècle, dominaient les faîtages.

C'est surtout sur la chapelle du château, édifiée la dernière, qu'il convient d'étudier le décor en plomb des combles au début du xviiie siècle. Si les tribunes sont couvertes en terrasse, la nef s'accuse par un comble aigu de silhouette élégante. Il semble que, malgré les changements survenus en France, l'art religieux perpétuât encore les formes traditionnelles de ses combles élancés, de ses arcs-boutants, de ses contreforts et de ses gargouilles.

La décoration du comble de la chapelle comprend, outre la crête constituée par des consoles ou des fleurs de lys, un lambrequin continu extrêmement riche, des arêtiers ornés et aux extrémités, en guise de poinçon, des groupes d'enfants dont l'un, à l'abside, est surmonté d'une croix (fig. 10).

Le comble est éclairé par de grandes lucarnes ovales accostées de consoles qu'amortissent des têtes d'anges et surmontées de couronnes.

Des balustres très élancés s'élèvent sur l'attique à la base du comble. Les modelés des figures nues sont aussi souples que s'ils avaient été exécutés au repoussé. L'artiste s'est attaché à découper sur le ciel les groupes d'enfants comme les crêtes et les couronnements de lucarnes en vue du meilleur effet des ajours, suivant la technique du métal.

Le lambrequin est aussi orné de fleurs de lys, chaque motif s'arrêtant sur des consoles accouplées que réunissent des guirlandes de fruits et des bandelettes.

Ce qu'on pourrait peut-être reprocher à cet ensemble, c'est

quelque lourdeur résultant de l'emploi pour le plomb de formes usitées à la même époque pour la pierre ; mais, lorsqu'on étudie les œuvres du xviie et du xviiie siècle, il faut bien tenir compte du goût fastueux qui s'imposait à toutes les œuvres et, si on les

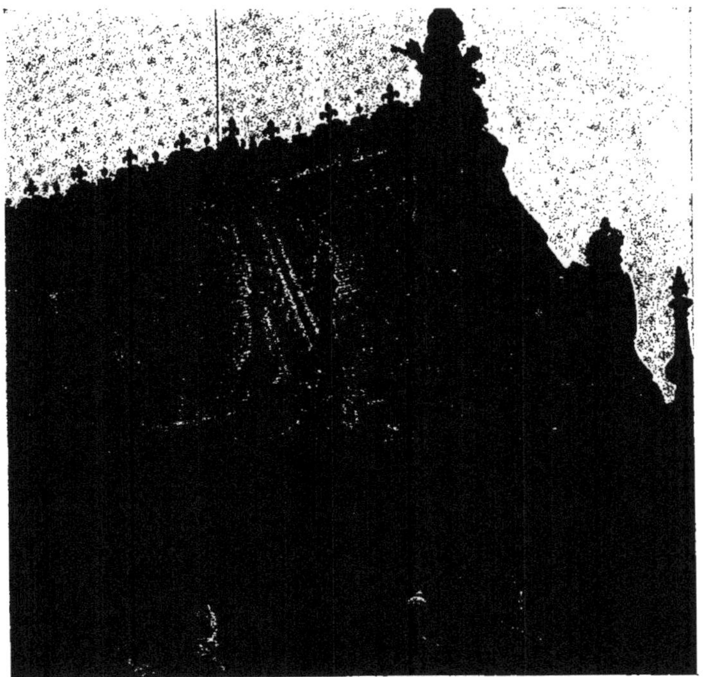

Fig. 10. — Crêtes, poinçons, arêtiers et lucarnes en plomb fondu sur le comble de la chapelle du Palais de Versailles.

étudie à ce point de vue, les plombs ornés de la chapelle de Versailles caractérisent une des plus belles applications de l'art au travail du métal.

Le défaut du plomb fondu en forte épaisseur était son poids et il semble avoir eu pour le comble de la chapelle de Versailles une conséquence singulière. Si l'on consulte les dessins du château publiés par Blondel au siècle dernier, on constate qu'à cette époque le comble de la chapelle ne se terminait pas comme aujourd'hui par un faîtage ininterrompu ; il existait vers le milieu un campanile qui est figuré sur les dessins et qui devait ajouter à l'effet décoratif du comble. Il était couvert en plomb comme toutes les parties saillantes de la toiture et il est probable que son poids détermina un affaissement de la charpente puisqu'on dut le supprimer.

C'est la critique de l'emploi du plomb fondu pour les toitures, dont les charpentes ne peuvent supporter de trop lourdes charges.

Les conditions particulières à la mise en œuvre du plomb n'ont point été modifiées par la substitution du fer au bois pour la charpente des combles : c'est toujours sur le bois que doivent être battues les feuilles de métal qui forment par exemple la gaine d'un épi ou le revêtement d'un faîtage et, s'il suffit d'armer en fil de fer étamé ou en fil de cuivre les ornements ajourés montés sur ces feuilles, il est indispensable que le plomb, là où il est en grandes parties, soit soutenu et ne puisse s'affaisser. Or cette surface d'appui nécessite un enduit ou un voligeage jointif pour lequel, à défaut du chêne risquant de nuire à la conservation du plomb, on peut employer les bois résineux ou le teck.

Il importe d'ailleurs que la tige de fer armant le poinçon soit bien reliée par de longues branches boulonnées à la charpente et que, là où le bois fait défaut, des armatures de métal étamé servent d'appui aux moulures. Ce qu'il faut éviter à tout prix, c'est l'infiltration d'eau qui pourrirait la charpente si la tige de fer n'avait pas à son extrémité une saillie formant larmier qui recouvre le plomb.

Le plus souvent, ces tiges de fer servent de support à des girouettes, rappelant les pennons armoriés qui couronnaient les demeures seigneuriales. Ces girouettes, exécutées en fer ou cuivre ajouté et bien équilibrées par une longue queue à l'arrière, sont montées sur une gaine et reposent, au droit d'un épaulement de la tige, sur des billes de verre qui leur donnent la plus grande mobilité.

CHÉNEAUX

Dans les édifices anciens, l'écoulement des eaux a toujours été étudié avec le plus grand soin : c'est pour l'édifice la meilleure garantie de durée.

Dans le système de construction des voûtes françaises au moyen âge, les arcs-boutants qui équilibraient les poussées ont été originairement pris sous la couverture des bas-côtés (église de Bougival). Mais le point d'application des arcs-boutants n'était pas arbitraire et, pour qu'ils pussent remplir leur office, il fallut les élever au-dessus des combles et on les utilisa alors pour conduire les eaux jusqu'aux gargouilles qui les rejetaient au dehors. On fut amené ainsi à surmonter l'arc-boutant d'un véritable caniveau : on le garnit de plomb pour éviter des infiltrations d'autant plus dangereuses qu'elles auraient désorganisé une œuvre vive de la construction (contreforts des chapelles absidales à l'ancienne cathédrale de Bazas).

Les chéneaux garnis en plomb étaient généralement évidés dans la pierre de la corniche et on ménageait à la jonction des feuilles des ressants pour éviter que l'eau refoulée par le vent ne vînt à remonter par capillarité entre les joints des feuilles.

Cependant, dès la fin du XIVe siècle, les comptes du duc de Berry signalent des chéneaux en bois garnis de plomb portés sur corbeaux : plus tard ces chéneaux furent posés en saillie sur les corniches et maintenus par des équerres apparentes en fer.

Les ressauts avaient l'inconvénient d'interrompre les lignes des chéneaux et c'est sans doute pour y remédier qu'on adopta pour leur face la planche apparente de rive portée par une équerre de fer.

Quelques maisons anciennes de Rouen, d'Orléans et de Bourges conservaient encore, il y a quelques années, ces chéneaux de bois garnis intérieurement de plomb qui recouvrait par un ourlet la planche de rive, soutenue par l'équerre apparente. Vers le milieu du xvie siècle, on commençait à renoncer aux gargouilles qui jetaient l'eau sur les passants : on les remplaçait par des tuyaux de descente en plomb montés sur colliers et scellés dans la muraille et recevant par un moignon la décharge d'une cuvette de forme polygonale qui recueillait les eaux des chéneaux (hôtel de Pincé, à Angers). La cuvette, aussi bien que les colliers et bagues des tuyaux de descente, fournissait des motifs de décoration. On les exécutait, eux aussi, en plomb repoussé suivant le procédé qui permet le mieux l'interprétation en métal du décor emprunté à la nature vivante parce qu'il aide à l'expression de la vie, parce qu'il suscite l'initiative de l'artisan et forme son goût. Le travail mécanique, dont l'origine remonte fort loin, puisque la fonte et la frappe du métal ont été connues aux époques antiques, et dont le développement est la caractéristique du temps présent, donne une relativité différente aux rôles du créateur et de l'exécutant : il tire en effet tout son intérêt de la perfection de l'exécution du modèle en plâtre qui sert à la confection du moule pour la fonte ou est le point de départ de la gravure en creux de la matrice pour l'estampage, sans laisser rien à l'interprétation de l'ouvrier ; or, si l'on examine les plombs anciens, on remarque que les ornements fondus ont presque toujours été repris et modelés à la main, avant leur mise en place : c'est peut-être ce qui contribue à leur charme.

II

APPLICATIONS DÉCORATIVES DES REVÊTEMENTS DE PLOMB BATTU, DÉCOUPÉ ET REPOUSSÉ AUX COMBLES DES GRANDS ÉDIFICES

Flèches et dômes.

Tout revêtement suppose une ossature suffisamment résistante pour le porter et, lorsqu'il s'agit d'un revêtement en métal mou et lourd comme le plomb, la nécessité d'une ossature continue, faite pour éviter tout affaissement de matière, s'impose.

Cette ossature se développa lorsque, avec les grandes cathédrales, s'élevèrent des combles de dimension considérable, surmontés de flèches qui constituaient, à elles seules, de véritables monuments, et la superposition des étages, la résistance à l'effort du vent, l'écoulement des eaux dans les noues produites par les jonctions des flèches et des combles nécessitèrent des combinaisons de charpente particulièrement savantes et compliquées.

Le métal était d'ailleurs si facile à travailler, sur la place même où il était employé, il s'adaptait si bien par le battage aux surfaces les plus compliquées, qu'on comprend aisément la faveur dont il a joui du XIIIe au XVIe siècle pour la protection et la décoration de ces charpentes.

Mais les problèmes qui se posaient, en raison de la lourdeur du métal, pour l'agrafage des feuilles, pour l'ajustage et le montage des ornements furent d'autant plus délicats à résoudre que l'ouvrage était de plus grande dimension, d'un accès et d'un entretien plus difficiles.

Sur les surfaces inclinées, on avait pu fixer les grandes tables

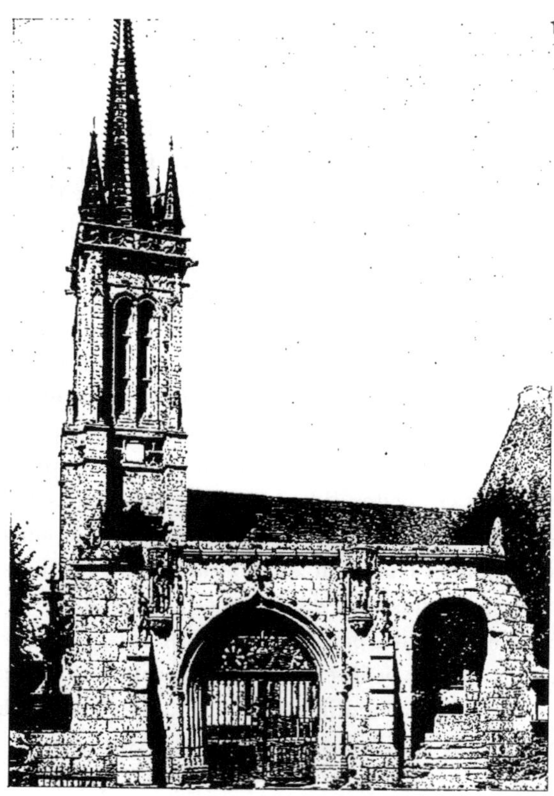

Fig. 11. — Flèche en plomb à l'église de Saint-Jean-du-Doigt (Finistère).

de plomb au sommet par des clous en fer étamé sur un voligeage et les retenir à la base par des agrafes dans lesquelles s'engageait le rebord inférieur, les feuilles se recouvrant latéralement par des ourlets : c'est ainsi qu'était constituée la couverture de la

cathédrale de Chartres, au moyen de feuilles de 0 m. 60 de largeur sur 2 m. 50 de longueur.

Mais lorsque la surface à couvrir était verticale, on dut poser
les tables en losange de manière à les agrafer suivant deux directions perpendiculaires.

On parait ainsi à l'arrachement des clous qui pouvaient être
entraînés par le poids de feuilles verticales attachées sur le petit
côté. C'est ainsi qu'on recouvrait la souche des flèches d'église.
Le bord inférieur était toujours soutenu par des pattes de fer
étamé ou de cuivre.

A l'église de Saint-Jean-du-Doigt (Finistère) dont la flèche (fig.
11) est de la fin du xve siècle, les feuilles se recouvrent hori-
zontalement comme des assises de pierre et sur les arêtiers sont
fixés des crochets en nombre égal à celui des feuilles. A l'église
de Saint-Gonery (Côtes-du-Nord) les feuilles sont attachées suivant deux directions diagonales se recoupant au milieu de
chaque face suivant un bourrelet de recouvrement. Les crochets
sont montés sur des arêtiers.

La flèche la plus importante qui ait été conservée est celle de
la cathédrale d'Amiens (fig. 12) et les feuilles qui la recouvrent
sont attachées suivant deux directions à angle droit. Les arêtiers
garnis de crochets forment autant de couvre-joints indépendants.

Cette flèche, qui s'élève au-dessus des combles à la croisée du
transept, est un véritable monument d'architecture comprenant
trois étages de galeries ajourées en retrait l'une de l'autre et dont
les amortissements sont constitués par des contreforts en charpente revêtus de plomb que couronnent des figures de même
métal silhouettées sur le ciel. Le style des ornements accuse la
transition du xve au xvie siècle. La forme pyramidale s'accuse
dès la naissance de la première galerie au-dessus des faîtages et
on est vraiment émerveillé par l'habileté avec laquelle sont ménagées les transitions entre les galeries et la flèche dont le couronnement paraît un peu lourd.

C'est l'observation des procédés anciens de travail qui a rendu possible de nos jours la restitution d'ouvrages considérables tels que les flèches de Notre-Dame de Paris et de la Sainte-Chapelle.

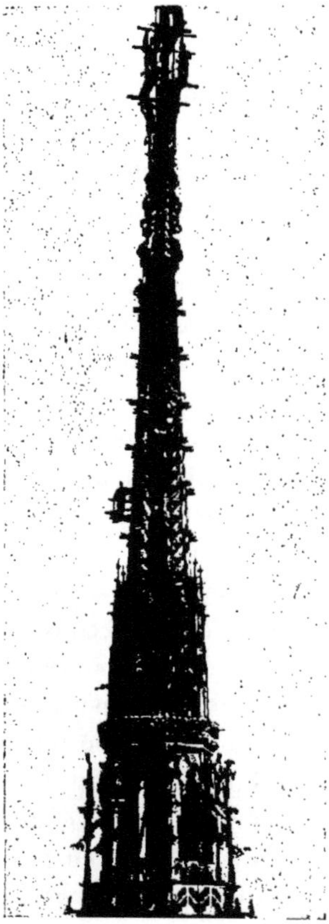

L'usage des flèches en charpente est d'ailleurs ancien, car les combles aigus ont été utilisés dès le XIIe siècle pour couronner des tours quadrangulaires ou cylindriques. Des toitures coniques sont souvent représentées sur les miniatures des livres d'Heures, notamment sur celles des Heures du duc de Berry où sont figurés le Louvre et le Palais de Justice de Paris. Sur un beffroi comme celui de Béthune, des pignons de charpente aidaient au passage du carré à l'octogone et accentuaient les silhouettes des toitures.

Quand le support d'une flèche était une tour de pierre, le problème à résoudre ne différait de celui du comble en pavillon que par la grande inclinaison de la flèche et par des transitions à ménager pour le passage du plan carré au plan octogonal. Mais, si la flèche s'élevait sur un comble en charpente, le problème se compliquait de la construction d'une souche prise dans le comble et sur laquelle on pût asseoir la charpente de la flèche elle-même.

Fig. 12. — Flèche de la cathédrale d'Amiens.

Il faut compter que des flèches telles que celles d'Amiens et de Notre-Dame de Paris ont des hauteurs de 40 à 50 mètres et on comprend alors les précautions que nécessite le soutien d'ouvrages de charpente de pareille dimension.

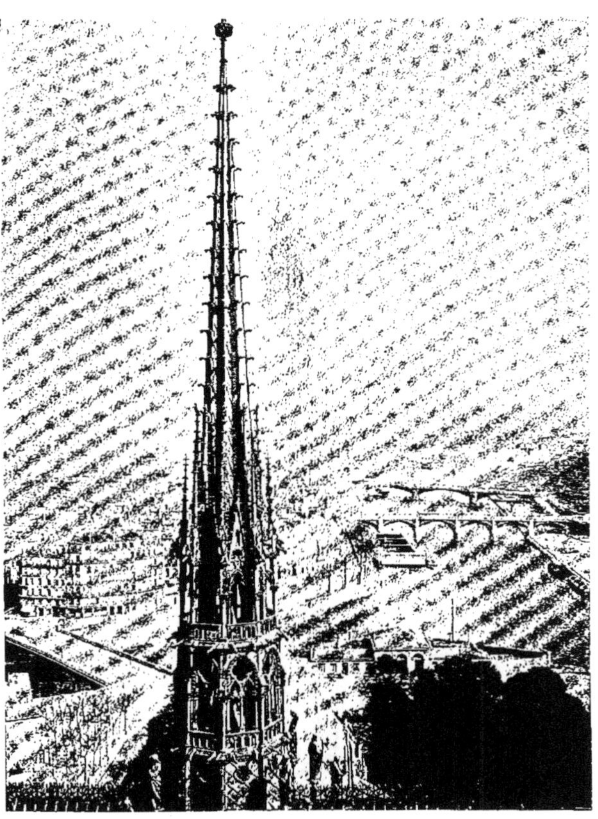

Fig. 13. — Flèche en plomb refaite par Viollet-le-Duc sur le transept de Notre-Dame de Paris.

A la cathédrale d'Amiens, ce sont des fermes armées qui soutiennent l'enrayure basse de la flèche dont les poteaux sont doublés pour ménager entre eux des galeries et faciliter l'exécution d'étages en retrait.

A Notre-Dame de Paris, le soutien principal est fourni par quatre fermes diagonales de noue et huit grandes contrefiches prenant appui sur les piles du transept. Ces contrefiches appuyées

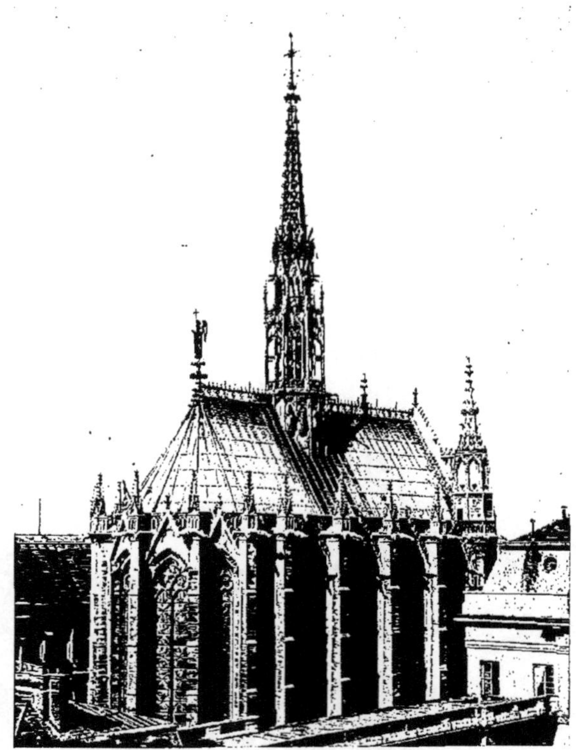

Fig. 11. — Flèche en plomb doré refaite par Lassus sur le comble de la Sainte-Chapelle du Palais, à Paris.

sur les fermes de noue soutiennent à leur croisement quatre des poteaux d'arêtier de la flèche, les quatre autres étant soutenus par les fermes.

Le croisement des contrefiches empêchait la torsion qui s'est produite souvent, lorsqu'un défaut de liaison des enrayures a fait pivoter les arêtiers sous l'action du vent, leur donnant, comme on le voit à la flèche de Puiseaux (Loiret), une forme hélicoïdale si accentuée qu'on pourrait la croire faite d'après un tracé d'exécution.

A la flèche de Notre-Dame de Paris, les poteaux étaient doublés, ceux intérieurs étant descendus jusqu'aux entraits armés, ceux extérieurs s'arrêtant à l'un des entraits des grandes fermes (fig. 13).

Viollet-le-Duc a fait saillir au-dessus des pièces de noue, des poteaux et des entraits moisant les arbalétriers et contrefiches des fermes : ces pièces formant échelons sont couronnées par des figures de métal (cuivre repoussé) qui semblent comme des contreforts appuyant la flèche sur le comble.

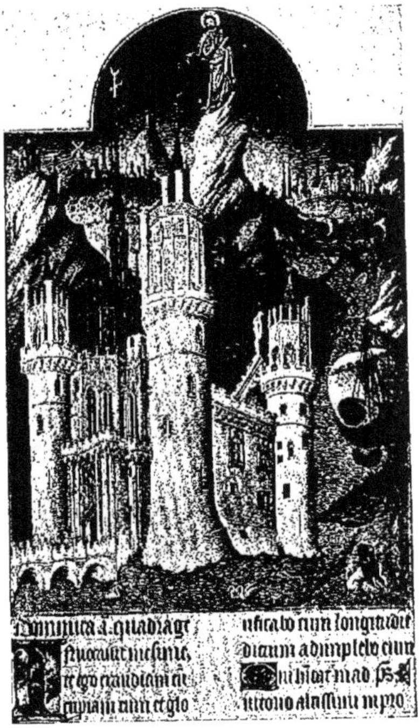

Fig. 15. — Flèche du château de Mehun-sur-Yèvre, figurée sur une miniature des Très riches Heures du duc de Berry.

Dans toutes ces flèches, les poteaux de la souche sont inclinés et participent ainsi à l'effet pyramidal de l'ensemble.

A la flèche de la Sainte-Chapelle, reconstruite par Lassus (fig. 14), cet effet résulte de l'ajour des contreforts de base. Une miniature des *Très riches Heures* du duc de Berry, représentant le château de Mehun-sur-Yèvre (fig. 15) conserve le souvenir d'une flèche en plomb qui surmontait la chapelle du château et était composée comme celle de la Sainte-Chapelle de Paris.

La flèche de Notre-Dame résout admirablement un problème difficile, celui de l'adaptation à un monument ancien d'un ouvrage nouveau, s'harmonisant par la composition et par l'échelle des détails avec l'œuvre ancienne.

Surmontant le soubassement par deux étages d'arcatures ajourées, l'architecte a établi le second en retrait du premier, pour profiler en silhouette les contreforts qui amortissent les arêtiers de la flèche, dont la charpente est entièrement revêtue de plomb. Les

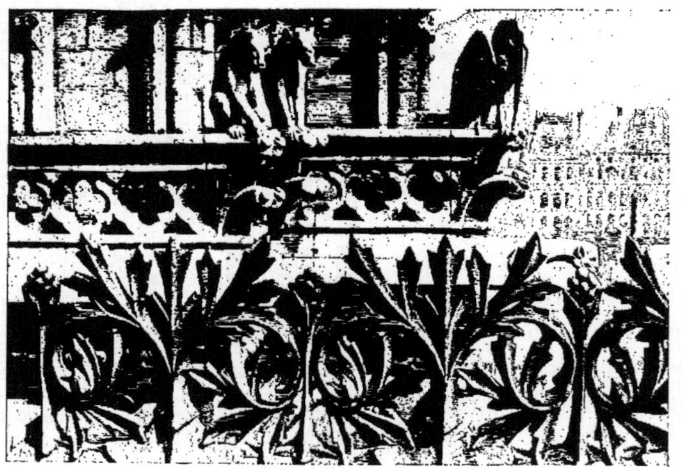

Fig. 16. — Crête en plomb à Notre-Dame de Paris. Composition de Viollet-le-Duc.

accès aux étages sont aussi bien combinés que les écoulements d'eau. Par la silhouette et les ajours, l'artiste a réalisé en métal une œuvre considérable qui suffirait à sa gloire.

La flèche de Notre-Dame de Paris s'ajuste à merveille sur les toitures qui se croisent au transept et qui sont elles-mêmes constituées par des tables de plomb posées à dilatation libre.

La crête (fig. 16) qui surmonte le faîtage des grands combles s'appuie sur une bande à cheval formée de tables qui se recouvrent à des longueurs déterminées par les divisions des ornements.

Ces divisions sont accusées par les armatures à fourchette du faîtage qui soutiennent les tiges saillantes et sont complétées par des armatures courbes en fer étamé servant d'appui aux feuilles qu'attachent et consolident quelques points de soudure.

Les ajours sont parfaitement étudiés sur la crête de Notre-Dame pour mettre en valeur sans aucune lourdeur l'ornementation florale ; les feuilles y sont largement modelées suivant la méthode qui convient aux qualités d'un métal mou.

On n'a pas seulement usé des reliefs et des ajours pour le décor des flèches en plomb. Sur les flèches comme sur les poinçons des petits combles, l'or a été fréquemment employé, accusant des ornements en relief que le ton uniforme d'un métal gris eût laissé invisibles à distance. Dans les comptes du duc de Berry sont mentionnées souvent les décorations peintes ou dorées de la couverture en plomb à son château de Poitiers ; mais on se contentait souvent d'une application d'or à plat. Les traces de ce mode de décor subsistent sur le faîtage en plomb de la chapelle du château du Moulin et sur la flèche de l'église de Montmorency. Les nervures des feuilles réservées par la dorure s'accusent en ton foncé par la couleur même du plomb.

De nos jours, la flèche de la Sainte-Chapelle a été partiellement dorée.

Quant aux ornements, ils ont été, suivant leurs dimensions, façonnés au repoussé ou moulés ; souvent même les deux procédés ont été employés simultanément.

Jusqu'au xviiie siècle, on a employé le plomb pour l'exécution des figures en ronde bosse, en leur donnant des armatures suffisantes. De nos jours on préfère au plomb le cuivre martelé, beaucoup moins lourd et par conséquent d'emploi plus facile.

A partir du xvie siècle, on abandonnait les flèches aiguës et les toits coniques des tours rondes pour les toitures de forme sphérique. Suivant les dimensions du dôme, on employa pour la couverture tantôt l'ardoise, tantôt le plomb.

La couverture sphérique donnait lieu d'ailleurs à de très intéressantes combinaisons de charpente ayant pour point de départ

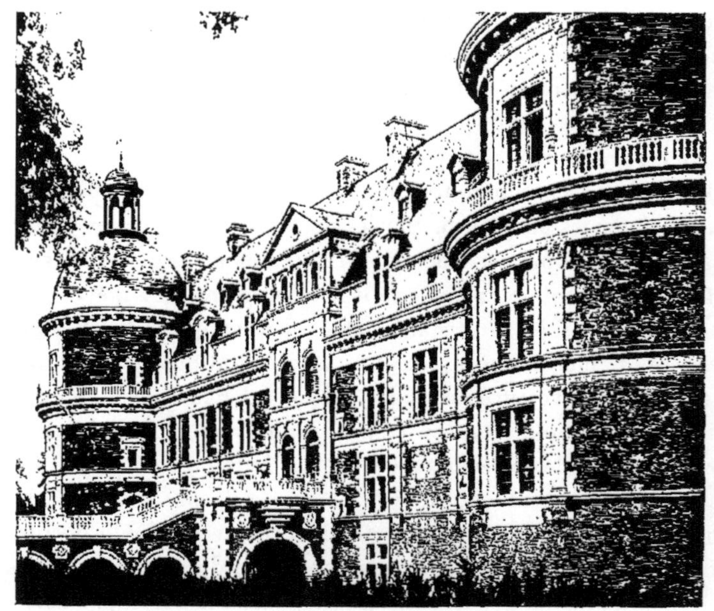

Fig. 17. — Campaniles en plomb et dômes sur les tours du château de Serrault
(Maine-et-Loire).

un système d'enrayures appuyées sur des fermes maîtresses et soutenant des chevrons.

Le plus souvent, sur le dôme couvert en ardoise s'élevait une lanterne à jour entièrement garnie de plomb et accessible par un escalier intérieur. Un poinçon terminé par une girouette en formait le couronnement (couverture des tours du château de Serrault, fig. 17).

Au xviiᵉ siècle, le dôme en charpente élevé sur le transept est définitivement adopté pour les églises et il est recouvert en plomb suivant une disposition assez simple. Les contreforts extérieurs

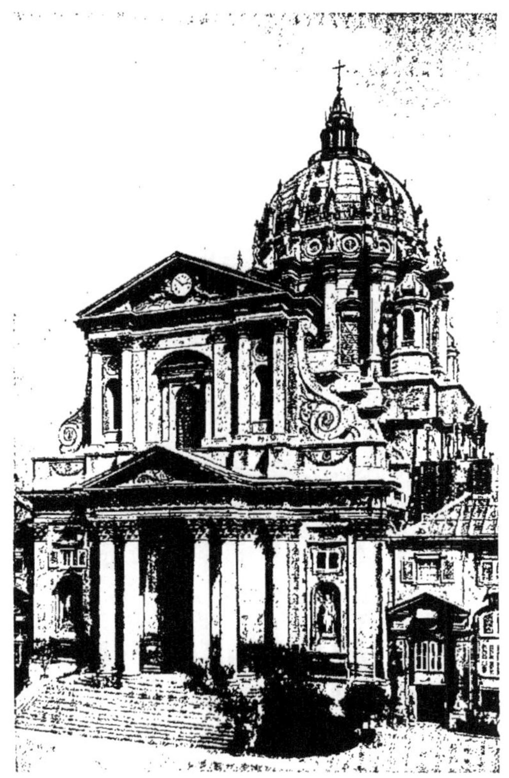

Fig. 18. — Dôme en plomb de l'église du Val-de-Grâce, à Paris.

se prolongent sur le dôme par des côtes saillantes qui divisent la surface sphérique en secteurs recouverts par des feuilles de plomb que retiennent des agrafes : de petites lucarnes ménagées pour l'aération du comble s'étagent sur la couverture et aident à l'effet de grandeur (dôme du Val-de-Grâce (fig. 18) et de la Sorbonne).

Au temps de Louis XIII, ces couvertures sont assez simples : les ornements de plomb ne s'appliquent qu'aux petites lucarnes et à la lanterne qui surmonte le dôme.

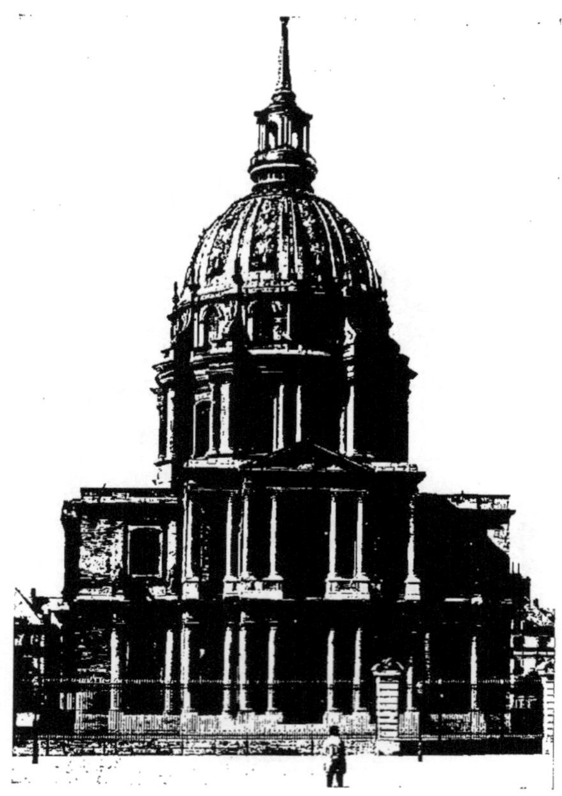

Fig. 19. — Dôme avec saillies décoratives en plomb doré, à l'Hôtel des Invalides.

Plus tard, sous Louis XIV, les secteurs entre les côtes saillantes sont considérés comme des panneaux et enrichis suivant le goût du jour par des trophées de haut relief qui sont dorés, le ton gris du plomb étant conservé pour les fonds (Dôme des Invalides) (fig. 19).

On a essayé, de nos jours, un système de couverture plus simple et on a utilisé l'ardoise, sectionnée par des membrons en plomb, pour la couverture d'un dôme tel que celui de l'église Saint-Augustin à Paris. Mais le plomb demeure toujours le métal souple qui assure le mieux l'étanchéité d'une couverture.

Lorsqu'on essaya, en 1889, de couvrir en terre émaillée le dôme du palais des Beaux-Arts de l'Exposition universelle en ménageant des rigoles pour l'écoulement des eaux sur la surface émaillée, on reconnut l'inconvénient de ces rigoles qui vers la base du dôme ne pouvaient débiter l'eau accumulée et l'on dut établir sous les revêtements en céramique une couverture étanche en métal.

Depuis l'initiative de Viollet-le-Duc, qui fut suivie par quelques artistes, les études de la plomberie décorative ont été reprises et les méthodes d'exécution développées, soit à l'occasion de restaurations exécutées dans les monuments anciens, soit lors de la construction de monuments neufs.

Si l'effort déjà fait est continué, la plomberie reprendra certainement dans la décoration des combles la place que lui assignent les qualités d'un métal assez malléable pour épouser toutes les formes et pour donner, s'il est bien employé, la meilleure des protections.

III

APPLICATIONS DÉCORATIVES DU PLOMB FONDU

Fontaines, bassins, etc.

L'emploi du plomb fondu est critiquable pour l'ornementation des combles, dont il charge inutilement les charpentes.

Mais, comme il peut prendre facilement les empreintes, même les plus fines, et ne risque guère de s'affaisser, malgré son poids, s'il est fondu à une épaisseur suffisante, il doit être utilement mis en œuvre toutes les fois que les charges résultant de son emploi ne sont pas une cause de danger pour la stabilité de l'édifice.

C'est ainsi qu'il se prête naturellement à l'exécution de pièces de grande dimension comme sont les vasques des fontaines qui, à partir du xve siècle, ont été très fréquemment exécutées en plomb. Une fontaine du parvis de l'église de Saint-Jean-du-Doigt dans le Finistère (fig. 20) est l'un des types les plus complets et les mieux conservés du revêtement en plomb orné des vasques qui s'étagent au-dessus de la grande vasque en granit et dont les fûts sont décorés par des groupes d'enfants. Des têtes d'angelots laissent échapper des vasques supérieures des filets d'eau qui contribuent à la décoration, sans masquer l'architecture de la fontaine.

On peut citer encore comme exemple une jolie fontaine d'époque postérieure conservée à Guingamp. C'est la fontaine

dite de « la Pompe » (1626) restaurée par le sculpteur breton
Corlay en 1743.

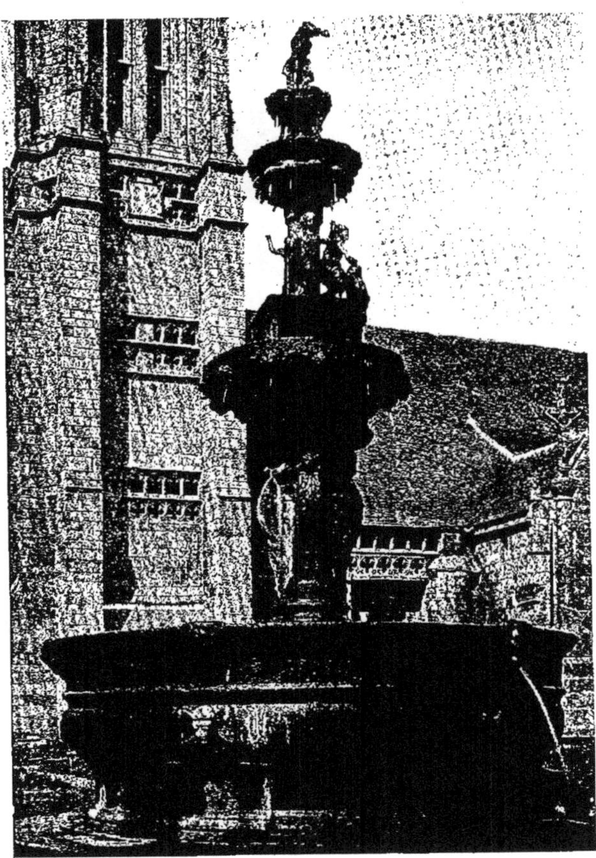

Fig. 20. — Fontaine en granit avec ornements en plomb dans l'enceinte de l'église
de Saint-Jean-du-Doigt (Finistère).

Dans l'école de sculpture qui florissait en Bourgogne au
xvᵉ siècle et dont Dijon était le centre, l'emploi de matériaux

polychromes suggéra l'idée d'utiliser le plomb fondu pour certains détails de décoration, qu'il eût été impossible, vu leur dimension, d'exécuter en marbre ou en pierre. Ainsi les figures qui portent à l'épaule la dalle funéraire de Philippe Pot ont leurs capuchons façonnés en ce métal malléable (fig. 21). Il a été

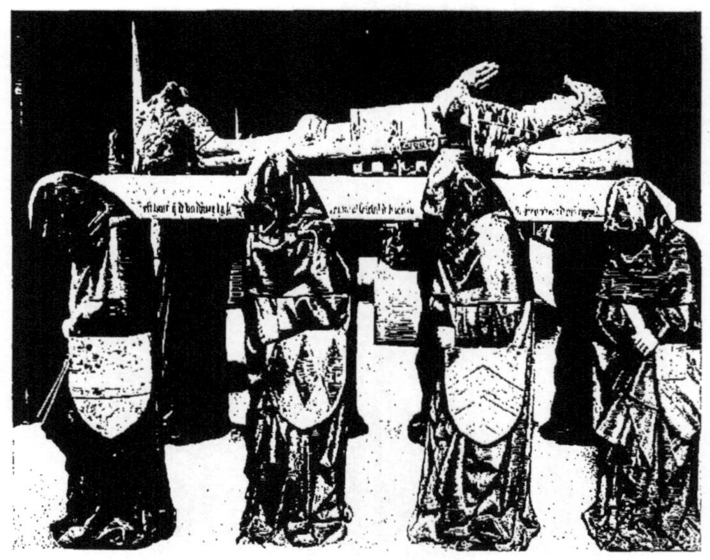

Fig. 21. — Tombeau de Philippe Pot (Musée du Louvre). Emploi du plomb
pour les capuchons des porteurs.

employé de même pour les ailes des anges qui, sur les sarcophages des ducs de Bourgogne à Dijon, soutiennent les casques des gisants ou portent des écussons ; les ailes sont exécutées ainsi sur le sarcophage de Philippe le Hardi, œuvre de Claus Slutter et sur celui de Jean sans Peur et de Marguerite de Bourgogne, œuvre de Jean de Huerta et de Le Moiturier.

Lorsqu'au xviie siècle, pour satisfaire aux goûts somptueux de Louis XIV, on dut édifier en peu de temps un palais colossal

que la sculpture enrichît à l'extérieur comme à l'intérieur,
lorsqu'on garnit les jardins dessinés par Le Nôtre de groupes
mythologiques, de figures enveloppées dans des gaines, d'animaux, de vases, le plomb fondu était la matière qui pouvait le
plus rapidement être mise en œuvre sans nécessiter une grande

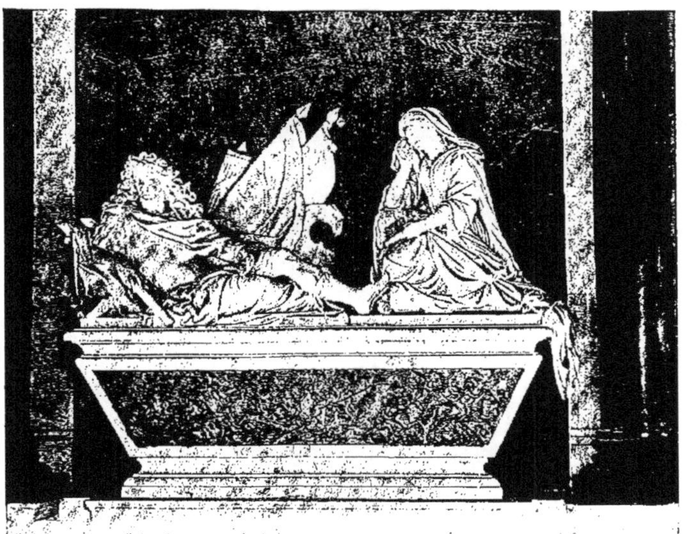

Fig. 22. — Bas-relief en plomb doré du tombeau du maréchal de Vaubrun, dans la
chapelle du château de Serraut (Maine-et-Loire).

habileté professionnelle : il avait en outre l'avantage d'être inaltérable à l'air.

Il suffisait que la légion de sculpteurs employés aux travaux
de Versailles ou de Marly fournît des modèles assez poussés
pour que le métal pût les reproduire exactement sans autre
retouche que l'enlèvement des coutures du moule (torchères de
Masson au bosquet de la Danse).

D'ailleurs l'idée de la majesté royale avait pour expression l'emploi général de l'or. On dora en plein, non seulement les bois des meubles, les trophées des lambris, les bronzes qui concouraient à la décoration du mobilier, mais encore les groupes en plomb des bassins. Si le métal fondu était doré, peu impor-

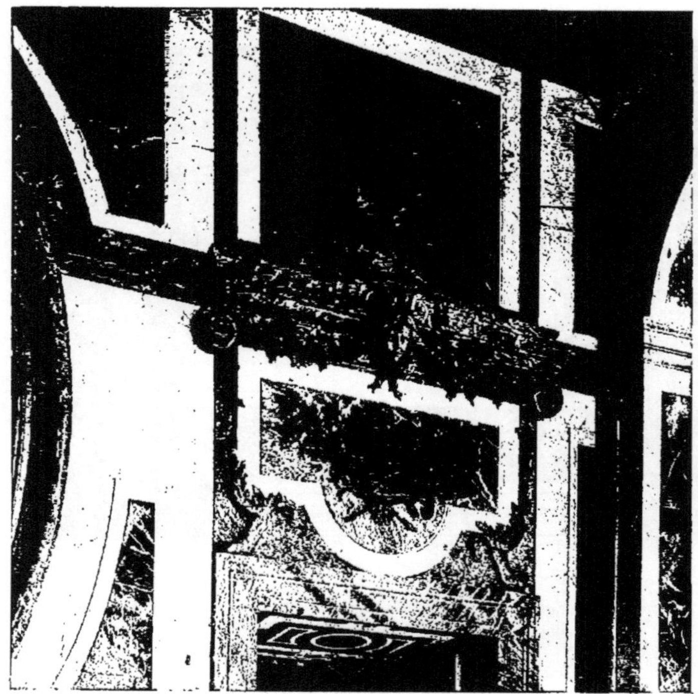

Fig. 23. — Ornements en plomb doré dans le salon de la Paix, au château de Versailles.

tait sa couleur et, dans certains cas, sa dureté, pourvu qu'il prît bien l'empreinte du moule. Avec le plomb on économisait en grande partie les délais et la dépense de la ciselure.

On employa donc le plomb aussi bien pour les bas-reliefs formés d'une plaquette et dont le moulage était très simple, que pour les figures qui nécessitaient l'emploi de pièces battues et de noyaux dans les moules.

Au château de Serrant, c'est en plomb que sont exécutés les bas-reliefs du sarcophage du maréchal de Vaubrun, tué dans la campagne du Rhin en 1675. Les figures de Coysevox, exécutées en marbre blanc, s'enlèvent sur un fond de marbre noir et, dans le soubassement, les sujets, qui sont traités en bas-relief, sont en plomb doré (fig. 22).

On ignorait généralement que les décorations intérieures du château de Versailles fussent exécutées en plomb : il suffit pour s'en convaincre d'examiner les comptes du château. On y constate l'emploi du plomb dans toutes les parties qui étaient hors de la portée de la main.

Ainsi, dans l'escalier de marbre, les moulures de base des pilastres sont en cuivre martelé et doré, tandis que le groupe d'enfants tenant un écusson, les chapiteaux et les ornements de la frise sont en plomb. Dans le salon de la Paix, où les magnifiques trophées appuyés sur les marbres sont en cuivre ciselé et doré, les ornements qui, au-dessus des portes, accompagnent les compartiments de marbre, griffes et têtes, guirlandes de fruits, trophées d'instruments enlacés de branches de laurier, enfants et vases, sont en plomb doré (fig. 23). L'or appliqué sur le plomb a d'ailleurs pris un ton différent de celui qu'il a sur le cuivre et la différence de coloration est suffisante pour qu'on puisse distinguer les deux métaux que l'or recouvre.

D'ailleurs l'ornement en plomb a des modelés plus souples que l'ornement en cuivre et en dehors des raisons d'économie et de célérité l'artiste préférait peut-être, pour associer le métal au marbre, le plomb, plus malléable que le cuivre.

Si l'on veut apprécier les délicatesses de forme que peut donner le plomb fondu, il suffit d'examiner le groupe d'enfants placé dans une niche de l'escalier de marbre au palais de Versailles... L'exécution des carquois, des torches, des lauriers entourant le cartouche royal est tout à fait précieuse et les modelés gras des corps d'enfants, d'une touche très délicate (fig. 24).

Pour la décoration des pièces d'eau, le plomb était la matière indispensable assurant l'étanchéité des motifs d'ornement desti-

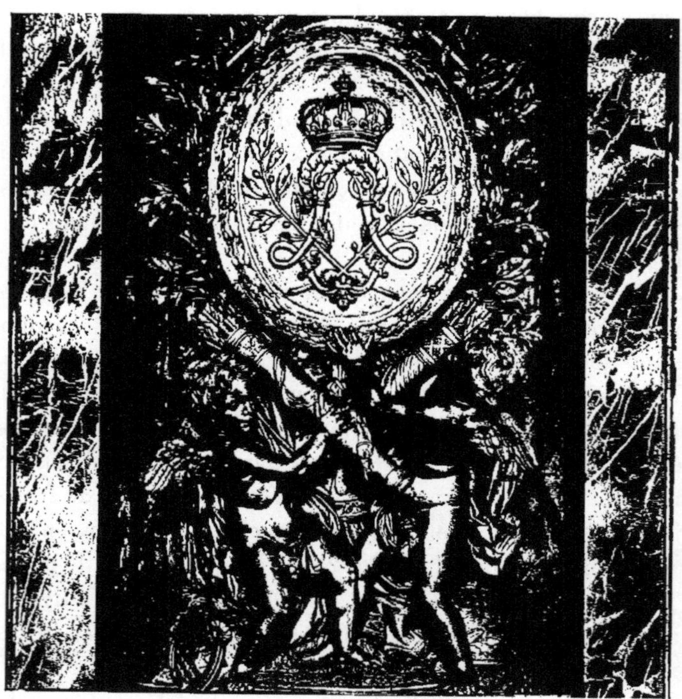

Fig. 24. — Groupe d'enfants en plomb doré dans l'escalier de marbre, au château de Versailles.

nés à canaliser les eaux et à leur faire produire les effets cherchés. Si l'on considère un ensemble magnifique tel que celui du char d'Apollon à l'extrémité du tapis vert ou mieux encore la somptueuse décoration du bassin de Neptune (fig. 25), on constate que la silhouette générale des groupes et leur ajour, le choix

des mouvements, la souplesse des formes révèlent chez l'artiste
la connaissance parfaite du métal qu'il employait et de sa
technique. On peut s'en convaincre en étudiant les groupes de
figures ou d'animaux ou les vases qui se profilent au-dessus des
terrasses.

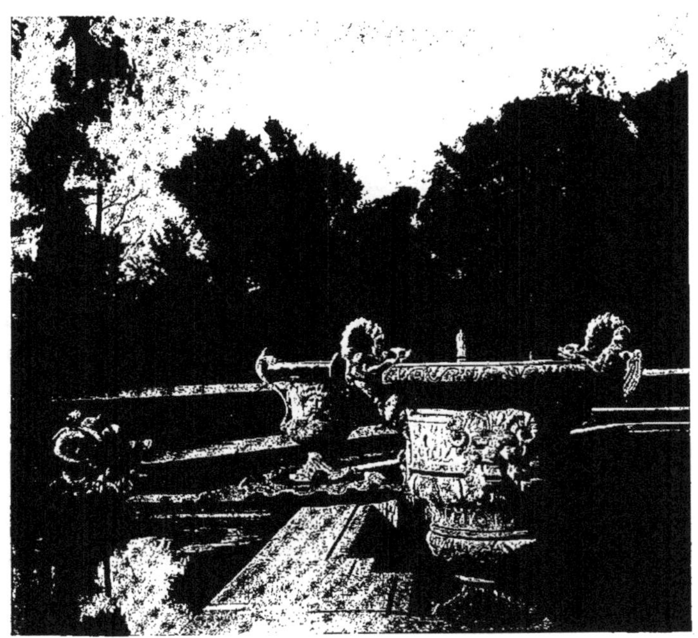

Fig. 25. — Vases en plomb de la terrasse au-dessus du bassin de Neptune.

Le groupe du char d'Apollon, attelé de chevaux et de dauphins,
caractérise bien l'emploi du métal. Le groupe est à fleur d'eau et
la composition est étudiée de telle sorte que les gerbes lancées
par chacun des animaux se divisent et multiplient les effets de
lumière en évitant toute confusion.

On a pu critiquer la prétention qu'on eut au xviie siècle d'ac-
commoder la nature à la majesté royale, de créer des points de

vue, d'assujettir les arbres à des coupes réglées, de peupler les jardins de statues et d'imaginer des effets d'eau artificiels. Ce qu'on ne peut nier, c'est la parfaite entente de la décoration qu'eurent les artistes chargés par le Roi Soleil de rendre sensible sa grandeur.

D'ailleurs, dans ce décor d'apparat, la technique a toujours sa part et on ne peut en douter si l'on compare aux vases de marbre du tapis vert les vases de plomb de la terrasse du bassin de Neptune, car les différences de formes s'imposaient aux artistes comme une conséquence logique des qualités différentes des matières. Le marbre appelle des arêtes vives qui sont exemptes de sécheresse parce que la transparence de la matière adoucit le travail du ciseau.

Pour les vases de plomb, la silhouette de la panse, la forme des anses, les modelés souples des ornements caractérisent l'emploi du métal malléable. Il semble que l'artiste ait exagéré l'ampleur de la panse et la délicatesse des attaches pour rendre sensibles les qualités du plomb. Les coquilles placées au pied des vases sont traitées de même avec les épaisseurs et les évidements qui conviennent au métal. Ces qualités sont très apparentes dans l'ensemble et les détails du magnifique bassin de Neptune. Les monstres marins montés par des enfants (fig. 26), qui forment les amortissements des rampes aux deux extrémités aussi bien que le groupe central, sont aussi remarquables par la liberté de la composition que par les formes appropriées au métal mou.

L'architecte de Versailles avait tiré merveilleusement parti, pour le plaisir des yeux, de ces pièces d'eau qui s'étageaient entre le parc et la terrasse du château, graduant les effets, tantôt, comme au Bain de Diane, reflétant dans le miroir des eaux les bas-reliefs de plomb formant le décor des murs de terrasse, tantôt élevant sur les terrasses des fontaines de forme pyramidale. De quelque côté que la vue se dirigeât, vers la pièce d'eau des

Suisses, vers le Grand Canal ou vers le bassin de Neptune, partout les eaux participaient à la décoration des avenues.

Sans doute quelques-unes de ces fontaines aux vasques superposées paraissent lourdes lorsque l'eau n'en jaillit pas. C'est la critique qu'on pourrait faire de la fontaine appelée « le Buffet » qui est dans les jardins de Trianon et dont les marbres, lorsqu'ils

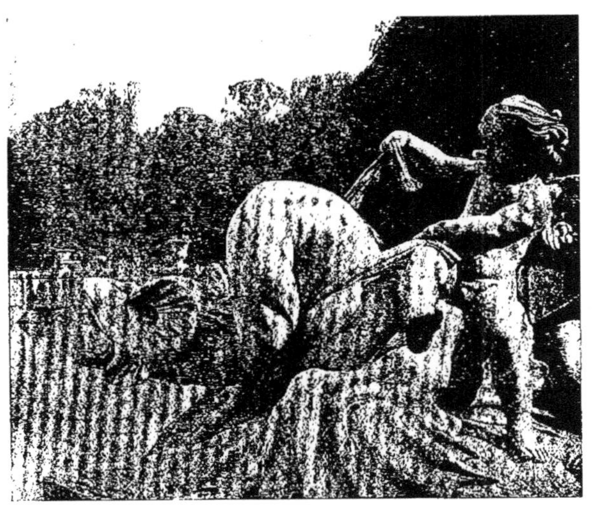

Fig. 26. — Détail d'un enfant et d'un monstre marin au départ des rampes
du bassin de Neptune.

furent remis à neuf, donnaient avec les ors, neufs aussi, une harmonie trop crue ; dès que l'eau en jaillit, les nappes qui couvrent le marbre et le plomb doré adoucissent les effets.

Autant qu'on en peut juger par les fragments de sculpture conservés, le bosquet des Dômes dut être un ouvrage exceptionnel de plomberie.

Si certaines parties des groupes en plomb des jardins de Versailles ou des fontaines de Nancy ont été détruites ou se sont affaissées et ont exigé de nos jours d'importantes réparations, c'est faute d'armatures suffisantes, car, même pour de tels ouvrages, des armatures solides étaient indispensables, en raison du poids et de la mollesse du métal.

Une des plus grandes qualités que présentent les plombs anciens de Versailles, c'est l'adaptation des modèles à la technique.

Les traditions corporatives avaient, au temps de Louis XIV, une influence assez grande sur l'éducation artistique pour qu'un statuaire ne commît pas la faute de modeler une figure en terre sans savoir si elle prendrait sa forme définitive en métal, en bois ou en marbre.

En étudiant les plombs de Versailles, on acquiert la conviction que les modèles furent composés pour utiliser au mieux la souplesse et la malléabilité du métal.

On a reconnu de nos jours les inconvénients de l'enseignement abstrait donné dans nos écoles d'art, tendant beaucoup plus à former des spécialistes peintres ou sculpteurs qu'à développer chez le futur artiste une culture générale sans laquelle il ne peut atteindre à la perfection artistique. Cette culture suppose, non seulement la connaissance des œuvres anciennes complétant l'observation directe qu'on peut faire sur la nature, mais encore des notions techniques sur les qualités des matériaux et leur mode d'emploi.

Cette culture générale, qui est indispensable à la formation du goût, peut être acquise par l'enseignement ; c'est même peut-être la seule chose qui puisse être enseignée et dont tous puissent profiter : l'initiative artistique, celle qui aboutit à la création des œuvres, suppose des dons particuliers qui peuvent être développés, sans doute, par l'enseignement, mais que l'enseignement ne peut faire naître.

IV

L'ÉTAIN

Martelage et emboutissage. Fonte.

L'étain a été cer-
tainement connu
dans l'antiquité ; il
existe à l'état
d'alliage dans les
bronzes égyptiens
ou chaldéens et, si
l'on n'est pas fixé
sur sa provenance,
on sait au moins
que le mot grec
« cassitéros », qu'on
trouve dans Homère
et dans Hésiode,
désignait ce métal.

Germain Bapst
qui en fait une
étude particulière,
croit reconnaître
l'étain dans les mé-
taux qui, d'après

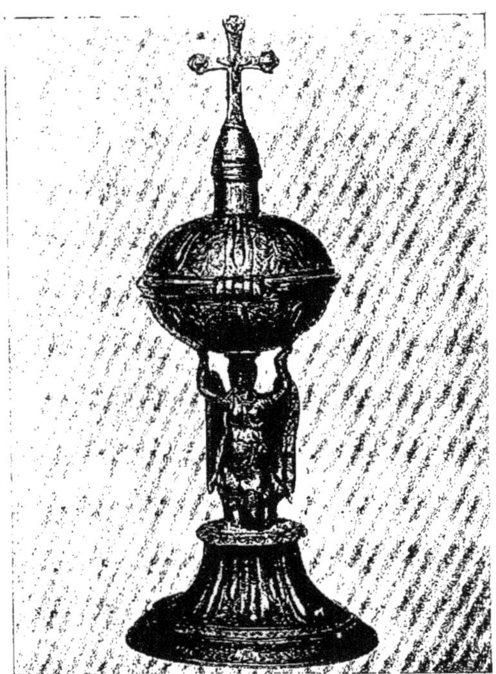

Fig. 27. — Calice français en étain doré (Musée du Louvre).

les descriptions des chants homériques, décoraient par zones les boucliers des héros. Il pense que le décor était dû à l'insertion du métal blanc très malléable, se prêtant au travail de ciselure ou de gravure, dans un métal dur et coloré tel que le cuivre.

Brateau, qui a renouvelé de nos jours en artiste et en technicien le travail de l'étain, croit antérieure à l'ère chrétienne une aiguière en étain d'Extrême-Orient dont la panse et la base sont enrichies de délicats ornements en relief. Il faut remarquer d'ailleurs que l'emploi de l'acide stannique (oxyde d'étain) dans les émaux, soit en Égypte, soit en Chaldée, est une preuve à l'appui de l'usage très ancien de ce métal fournissant des émaux couvrants qu'on ne pourrait obtenir sans lui.

L'étain était encore employé pour des miroirs, pour de menus objets de toilette : les miroirs étrusques en cuivre repoussé et gravé étaient étamés.

On admet que primitivement l'étain venait de l'Inde ou de l'île de Ceylan et que c'est seulement à l'époque où les Phéniciens commencèrent à porter sur leurs navires, dans tout le bassin de la Méditerranée et jusque sur les côtes de l'Océan, les produits de l'art oriental, qu'on utilisa l'étain provenant de l'Espagne ou des îles qu'on appelle Cassitérides (îles Sorlingues ou Scilly à la Pointe de Cornouailles).

Des gisements d'étain existent encore en Bretagne, d'autres dans le Limousin et la Creuse, mais c'est surtout de l'Angleterre et des Indes hollandaises que l'étain est tiré aujourd'hui. Le minerai est un oxyde disséminé en parcelles dans les roches granitiques, dont il est aisément séparé, à cause de son poids, après pulvérisation et lavage des sables qui le contiennent; l'oxyde ainsi isolé est réduit par le charbon.

L'étain a des qualités de malléabilité analogues à celles du plomb et comme lui il peut être fondu dans des moules ou travaillé au repoussé : mais il a sur le plomb de nombreux avantages. Il est d'un ton blanc aussi apprécié dans les applications artistiques que le ton de l'argent : il s'oxyde peu à l'air et se ternit moins que le plomb : il n'est pas vénéneux comme le plomb et peut en conséquence être employé aux usages domestiques. L'oxydation a le défaut, en le grisant, de lui faire perdre une partie de sa finesse et de son éclat.

Ces qualités étaient connues des peuples de l'antiquité et notamment des Romains qui ont certainement fait usage de la vaisselle d'étain : Plaute, dans une de ses comédies, décrit un festin où les mets sont servis dans des plats d'étain et on peut en conclure, avec Bapst, que la vaisselle d'étain était déjà traitée avec un certain luxe.

A l'époque mérovingienne, l'étain a été constamment employé en couche superficielle pour préserver contre l'action de l'air d'autres métaux plus oxydables : des fibules, des boucles de ceinture en fer ou en cuivre étamé ou incrusté d'étain ont été trouvées en grand nombre dans les sépultures franques (Musée de Saint-Germain-en-Laye).

Dès l'introduction du christianisme en Gaule, on utilisa l'étain pour l'orfèvrerie religieuse ; on en fit des patènes, des calices, des ciboires, des ampoules à reliques. L'étain était en effet toléré pour les églises pauvres, à défaut de l'or ou de l'argent. Le Musée de Cluny conserve encore un calice en étain du xive siècle dont la panse est ornée de rinceaux et une salière de même époque dont le couvercle est décoré d'un bas-relief représentant l'Annonciation. Souvent on dora l'étain employé à l'orfèvrerie religieuse. (Ciboire en étain doré, xvie siècle. Musée du Louvre. Fig. 27.)

L'étain fut même employé pour l'enluminure des manuscrits ; on le battait en feuilles minces mettant en valeur la blancheur du métal pur. Dès le xiiie siècle, la sécurité étant assurée dans les villes, après la constitution des communes, des corporations des divers métiers avaient pu s'y développer suivant des règlements qui nous ont été conservés et dont le « Livre des Métiers » d'Étienne Boileau nous a donné le détail : les corporations des potiers, batteurs, bimbelotiers, etc., indiquant la variété des industries de l'étain, y sont mentionnées. Les potiers d'étain fabriquaient des pichets, des assiettes, des écuelles. On employait ce métal pour les mesures des liquides. La vaisselle, bien conçue pour la forme, ne comportait guère alors d'ornements.

Peut-être faut-il attribuer à la rareté et au prix élevé de la vaisselle d'or et d'argent la faveur dont jouit, à partir du xve siècle, l'orfèvrerie d'étain qui, pour une dépense moindre, pouvait donner des ouvrages aussi parfaits au point de vue de l'art. Au moment où se développaient les industries du mobilier, on aimait à placer en bel ordre sur un dressoir des plats, des vases de métal dont les aspects luisants égayaient la pièce où se réunissait la famille pour les repas ou les fêtes.

Les potiers d'étain fabriquaient encore de petits flacons à anses doubles qu'on suspendait par des cordonnets et qui étaient enrichis d'ornements à léger relief que le frottement faisait briller et des plaquettes ou « méreaux » de formes variées, employées parfois comme monnaies, mais qui le plus souvent servaient d'insignes ou de jetons de présence pour les membres d'une corporation ; on les utilisait sur les marchés comme signes de garantie d'une marchandise (Méreaux et monnaies d'étain du xiie au xive siècle, au Musée de Cluny).

En Allemagne, les corporations des potiers d'étain étaient florissantes au xive siècle. A Nuremberg, on poinçonnait les pièces différemment suivant qu'elles étaient faites en étain pur d'Angleterre, sans alliage, ou qu'elles admettaient un alliage de plomb, dans lequel ce métal n'était toléré que pour un dixième. Le poinçon pour l'étain sans alliage portait, paraît-il, l'aigle couronné.

A cette époque, on travaillait l'étain coulé en feuilles et battu, comme le cuivre ou l'argent, par martelage, par emboutissage sur mandrin ; si le col du vase était plus étroit que la panse, on employait des mandrins à plusieurs pièces et à clef qu'on pouvait dégager du vase embouti. De nos jours ce travail est facilité par l'emploi du tour.

Les pièces ainsi exécutées étaient décorées par la gravure.

On peut citer parmi les types des ouvrages de ce genre, trois chopes conservées au musée de Breslau et dont la plus ancienne porte la date de 1497. Ces chopes, dont l'une appartenait à la corporation des boulangers, ont leur surface cylindrique ou à pans entièrement décorée par zones, où sont gravés des personnages. La gravure est faite au burin (grande canette du musée de Breslau à couvercle, anses, patins et robinet soudés).

Les objets antérieurs au xvie siècle n'ont été conservés qu'en petit nombre ; mais, bien qu'ils n'aient pas l'allure de pièces de luxe, ils ont souvent, par la recherche de la forme, par la délicatesse et la discrétion des ornements, des qualités de style que n'ont pas au même degré des œuvres postérieures, plus richement décorées.

A partir du xvie siècle, l'étain fut employé comme l'argent pour les aiguières et les bassins décorés de figures en relief, de cartouches et de rinceaux.

Pour ces pièces précieuses et sans doute en vue de leur répétition, la fonte fut préférée au travail du marteau qui, sur un métal mou, se prête moins aisément aux finesses d'exécution. Avec la fusibilité de l'étain, il était possible de faire pénétrer le métal fondu dans tous les creux du moule, qu'on faisait en deux pièces pour les plats, en plusieurs pièces démontables avec noyau pour les vases.

Tous les musées d'Europe, et particulièrement ceux de Nuremberg, de Munich et de Breslau en Allemagne, le South Kensington Museum en Angleterre, le Louvre et le Musée de Cluny en France, conservent de magnifiques pièces d'orfèvrerie d'étain qui, pour le plus grand nombre, datent de cette époque. C'était l'orfèvrerie de luxe de la bourgeoisie.

Les plats, les aiguières en étain se rapprochent, pour la forme, des objets similaires en argent ; mais les procédés d'exécution sont absolument différents, car l'étain fondu dans des moules ne comporte pas de ciselure à proprement parler : la ciselure, ainsi que cela a lieu pour la gravure en médaille, est faite dans le creux du moule.

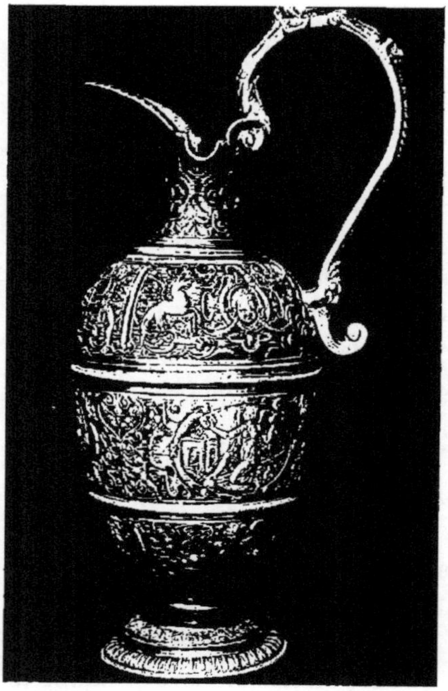

Bapst cite, parmi les matières usitées pour les moules au xvie siècle, le schiste ardoisier en France, la pierre lithographique en Allemagne : la collection Sauvageot conserve quelques spécimens de ces pierres gravées. Mais après les travaux de Brateau qui ont abouti en France à la rénovation du travail artistique de l'étain, il semble qu'il ne puisse y avoir aucun doute sur l'emploi du cuivre pour les moules ciselés en creux qui per-

Fig. 28. — Aiguière en étain du plateau dit de « La Tempérance » par François Briot (Musée du Louvre).

mirent au graveur François Briot d'exécuter des chefs-d'œuvre tels que l'aiguière et le plateau dits de « la Tempérance ».

Des documents nouveaux recueillis sur la vie de Briot, dont le portrait nous est conservé sous l'ombilic du plateau « la Tempérance » (Musée du Louvre), permettent de mieux connaître et apprécier l'importance de son œuvre. Né à Damblain en Bassi-

gny, à la frontière de Lorraine, il se faisait inscrire dans la corporation des potiers d'étain à Montbéliard en 1579. Il avait été
appelé à expérimenter le balancier, récemment inventé pour la
frappe des monnaies et son talent de graveur dut lui suggérer
l'idée de tirer de l'étain, par des procédés qu'il perfectionna, des
délicatesses de forme et de modelé que la ciselure dans le creux
d'un moule de métal tel que le cuivre pouvait seule réaliser.

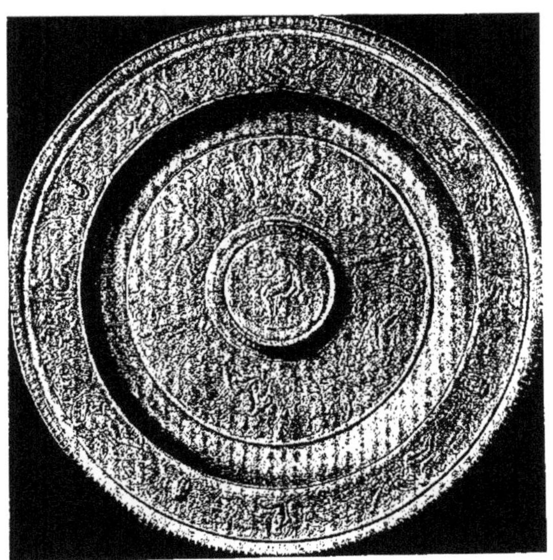

Fig. 29. — Plateau dit de « La Tempérance » par François Briot (Musée du Louvre).

La décoration de l'aiguière est répartie en trois zones : chacune
d'elles est garnie d'arabesques formant des motifs séparés : sur
la panse sont figurées, dans trois médaillons, la Foi, l'Espérance
et la Charité, remplacées sur quelques aiguières par d'autres
sujets (fig. 28). Sur le plateau, c'est la Tempérance qui est figurée en bas-relief à l'ombilic. Les « Éléments » occupent quatre
médaillons séparés par des figures décoratives : sur le marli sont
les Sciences et les Arts libéraux (fig. 29).

Ce qu'on pourrait critiquer dans ce décor somptueux, c'est sa richesse uniforme et le défaut d'oppositions. C'est d'ailleurs la critique d'une époque plutôt que d'une œuvre.

Tel fut le succès au xvıᵉ siècle des ouvrages de Briot qu'on lui emprunta pour le décor d'objets divers les médaillons de ses plats : ceux du plateau de « Mars » ont été utilisés pour une

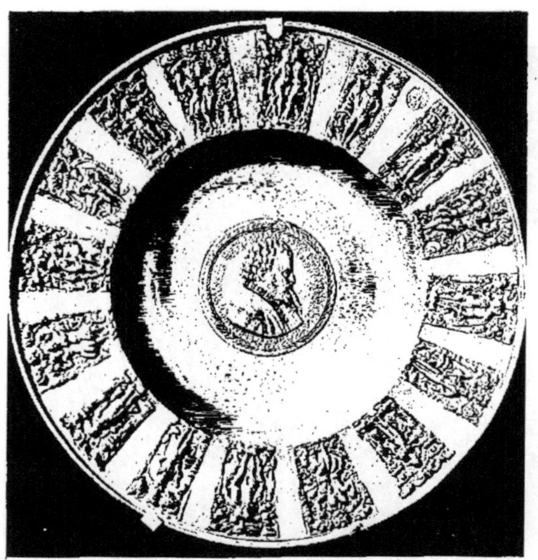

Fig. 30. — Plateau allemand (Musée du Louvre).

aiguière contemporaine. Peut-être aussi utilisait-on pour la composition de différents ouvrages d'étain les mêmes dessins gravés.

La collection de Brateau renferme de menues pièces d'un goût exquis, se rattachant par le dessin et les reliefs à notre belle école de sculpture du xvıᵉ siècle (garnitures de livres, écoinçons, médaillons, gaines de couteaux, etc.).

Si les œuvres allemandes et flamandes de la fin du xvıᵉ siècle (fig. 30 et 31) n'ont pas la même délicatesse, elles sont peut-être mieux composées pour donner des effets d'opposition entre les sujets et les parties de métal laissées nues.

On attribue le ralentissement dans la production de la vaisselle d'étain à diverses causes, mais surtout à la production abondante des céramiques italiennes dans les fabriques de Gubbio, d'Urbino ou de Faenza, dont la coloration brillante et les sujets très variés faisaient tort aux poteries d'étain. Au xviie siècle, le goût fut aux belles faïences françaises de Rouen, de Nevers et, peu à peu, les potiers n'eurent plus à fabriquer que les ustensiles nécessitant l'emploi de l'étain.

C'est à la fin du règne de Louis XIV, après les guerres qui épuisèrent les ressources de la France, lorsque, à l'exemple du roi, les seigneurs envoyèrent à la fonte les pièces d'orfèvrerie d'argent, que l'étain eut un regain de faveur. On fit en étain des aiguières de forme plus simple, dont le décor réduit à des moulures et des oves, à des godrons, n'est pas sans valeur.

Une nouvelle orientation du goût vers des formes souples et même tourmentées, au temps de la Régence et sous Louis XV, détermina une modification, non seulement dans le décor, mais dans la technique de l'étain. Ces orfèvres travaillaient l'argent au marteau : l'étain fut travaillé de même et plané.

La fonte de l'étain ne donnait plus la forme définitive ; dans la fonte, le bord et le fond étaient à même hauteur ; aussi après avoir retiré la pièce du moule, on blanchissait sur le tour cette plaque (rondelle ou rouelle), puis on la mettait sur une sorte d'enclume ou tas, enduite de suif comme la pièce, pour éviter pendant le planage un étamage partiel de l'enclume.

Le planeur attaquait le métal par la circonférence en en faisant le tour et arrivait peu à peu à donner à la pièce la forme voulue ; mais la surface gardait la trace des coups de marteau, qu'on faisait disparaître après avoir garni l'enclume d'une peau de daim bien tendre en frappant à petits coups très rapprochés.

On arrivait ainsi à obtenir une diminution d'épaisseur et une résistance plus grande, par l'écrouissage dû au marteau.

Pour les saucières, les soupières, les verseuses fondues
d'abord en coquilles suivant des formes donnant la silhouette
générale, on les assemblait et soudait et on les reprenait ensuite
au marteau pour obtenir, soit des renflements dans les parties

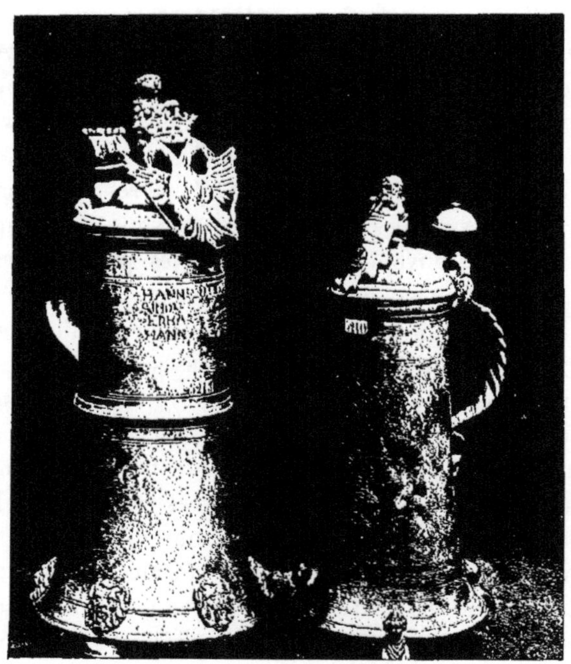

Fig. 31. — Vase flamand de la Corporation des charrons et Canette allemande
avec écusson aux armes de l'Empire (Musée de Cluny).

unies, soit des godrons que les moules ne pouvaient donner. On
confiait ensuite à un graveur le soin de décorer la pièce d'armoiries ou de chiffres en taille-douce au burin. A côté de cette
production de vaisselle, on exécutait aussi en étain des flambeaux,
dont la fabrication se continua sous Louis XVI, avec des modifications de formes. C'est aussi au xviiie siècle qu'on eut l'idée

d'appliquer à l'étain fondu un travail de ciselure lui donnant un aspect gras analogue à celui de la cire à modeler.

Ce travail artistique de l'étain n'a été remis en honneur qu'à la fin du XIX° siècle et c'est à Brateau qu'en revient l'initiative : il le doit à ses études consciencieuses sur les ouvrages anciens, qui l'amenèrent à reconstituer et à développer les procédés de

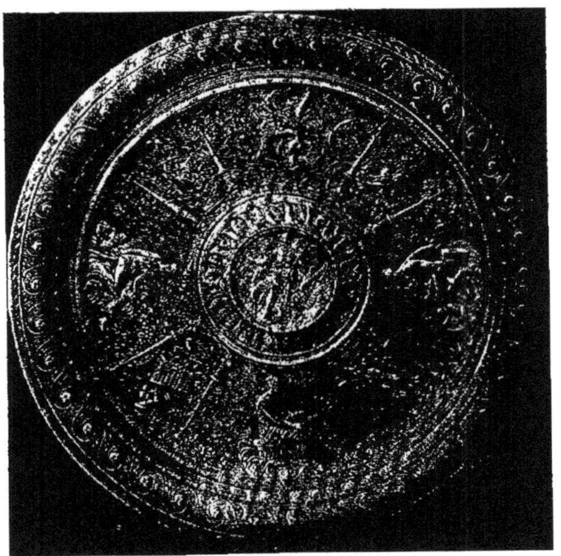

Fig. 32. — Plateau en étain de Brateau (Musée du Luxembourg).

fabrication que Briot, le maître graveur, avait perfectionnés au XVI° siècle.

En 1889, l'artiste exposait la belle aiguière et le plateau qui sont conservés au Musée du Luxembourg (fig. 32). La technique de l'étain était si complètement oubliée que l'effet produit par cet ouvrage fut considérable. Suivant l'ordonnance adoptée par Briot, Brateau, subordonnant à la figure d'Apollon, qui occupe l'ombilic, la décoration du plateau, y distribuait en quatre bas-reliefs les figures allégoriques des arts, séparées par des attributs. Une suite continue d'ornements décore le marli. Les bas-reliefs distribués sur la panse de l'aiguière et la figure de la Vérité qui forme l'anse, complètent ce bel ensemble.

Après avoir rénové ainsi la technique, Brateau se dégagea complètement des thèmes décoratifs inspirés du xvie siècle. Il apporta dans ses nouvelles œuvres, gobelets, plateaux, etc., un

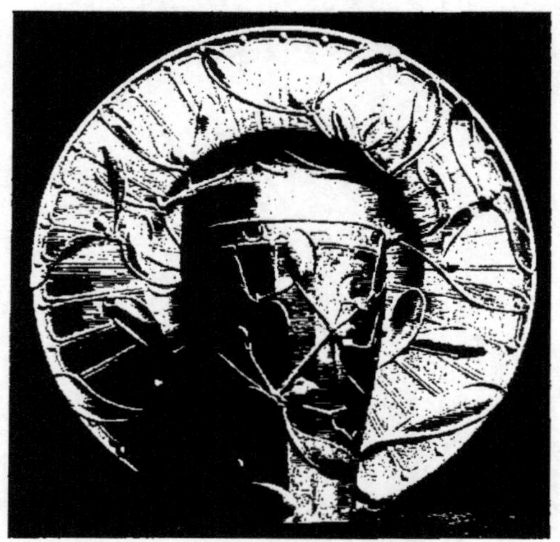

Fig. 33. — Gobelet et soucoupe en étain de Brateau.

sentiment personnel des oppositions de saillies et de couleur qui conviennent au métal et ces charmants objets, qui sont aujourd'hui dans toutes les collections, portent au loin la renommée de l'artiste (fig. 33).

Après lui, des sculpteurs s'essayent à l'emploi de l'étain et exécutent de délicats ouvrages. C'est la fontaine de Charpentier (Musée Galliera) ; ce sont des plateaux de J. Desbois, des vases de Chéret, de Ledru, des ouvrages divers de Larche, Jean Baffier, etc. L'impulsion est donnée et ne s'arrêtera pas (fig. 34).

Exécution des moules.

Les moules destinés à la reproduction d'objets en étain fondu peuvent être faits en matières différentes dont la résistance correspond au degré de perfection que l'on cherche, ainsi qu'à la forme et à l'importance de l'ouvrage.

Pour la coulée des alliages usuels très fusibles servant aux pièces communes, on emploie, si les pièces ne sont pas de dépouille, des moules en fonte de fer articulés à manche de bois, moules dont les creux sont bien dégagés et qui ne nécessitent d'autre retouche que l'enlèvement des coutures.

On emploie aussi à cet usage le moulage renversé sans noyau. Si l'ouvrage est compliqué, on moule en plusieurs pièces qu'on raccorde par soudure. Cette soudure peut être faite à l'étain et au bismuth si la pièce ne va pas dans l'eau bouillante.

Pour les pièces à exécuter sur les modèles variés des sculpteurs, c'est sur une bonne épreuve en plâtre que le fondeur fait son moule en sable et, suivant les procédés de la fonte du bronze, il coule simplement l'étain dans les creux du sable.

S'il s'agit d'une figure en ronde bosse, les parties saillantes, bras, jambes, draperies, sont fondues à part avec le même alliage que celui du corps et les différentes pièces réunies par la soudure. A chaque épreuve il faut faire un nouveau moule en sable, puisque le moule doit être détruit pour retirer la pièce fondue.

Certaines pièces peuvent être réalisées par un moule en deux parties semblables ; c'est le cas d'une aiguière en forme de figue aplatie, l'une des plus jolies pièces sorties des mains de Brateau. Il serait très difficile de l'obtenir d'un seul jet, mais, en deux pièces assemblées et soudées, l'aiguière est aisément réalisable. Il faut naturellement un moule pour la poignée, deux pour le bec, un pour le pied, un pour le couvercle, un autre pour la charnière ; il y a donc là un travail d'assemblage assez compliqué. L'aiguière est accompagnée d'un plateau dont le marli ajouré est un chef-d'œuvre.

Un coffret, une cafetière, une théière, une chocolatière, si richement décorées qu'on les suppose, peuvent venir d'une pièce à la fonte, mais à condition d'exécuter dans des moules différents les couvercles, les anses, les becs, etc..., qui seront soudés après coup.

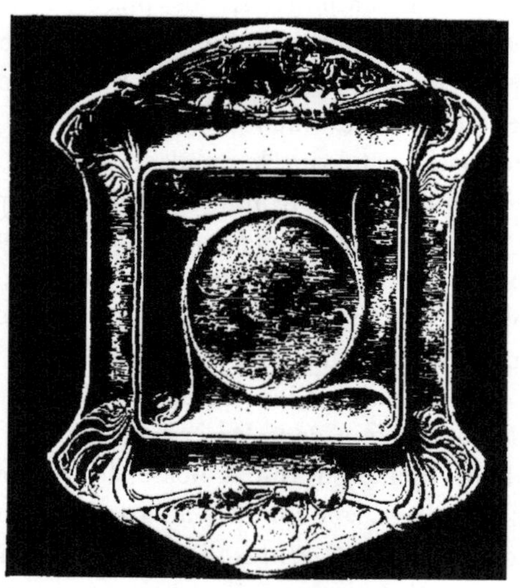

Fig. 34. — Plateau vide-poches en étain. Composition de Bruneau.
Exécution de Jabœuf et Rouard (Musée du Conservatoire des Arts et Métiers).

Un plateau, modelé par le sculpteur sur une forme tournée ou non, mais bien régulière et entièrement de dépouille, sera moulé en plâtre en tirant sur le modèle en relief un creux d'une épaisseur régulière qui peut être de 0 m. 01 pour un diamètre de 0 m. 30 à 0 m. 40 et qui augmentera sensiblement avec le diamètre.

C'est le cuivre qui donne le meilleur résultat pour les travaux délicats, parce que le métal est assez souple pour rendre tous les effets qu'on y grave en intaille. Si l'on veut obtenir d'un seul jet un objet de forme cylindrique comme un gobelet, il faut que le sommet soit plus large que la base pour permettre de sortir le noyau ; sinon il faudrait le fondre en plusieurs morceaux qu'on réunirait par des soudures.

Pour faciliter le travail de ciselure, le plus simple est de faire un moule en plusieurs parties suivant la disposition du décor et d'en retirer la pièce entière. Étudions la fabrication d'un moule, à réaliser en cuivre.

Dans le cas d'un gobelet, c'est la division en trois qui semble donner le meilleur résultat. On coule le plâtre sur l'objet modelé divisé en trois pièces réparées présentant 6 faces d'ajustage qui, sur leur longueur, recevront, en plus de l'épaisseur du plâtre, une cloison ou « muret » la dépassant légèrement. A la jonction de deux de ces pièces, on ménage une marge surélevée en plâtre dans laquelle on taille l'entonnoir ou « verse ».

Plus tard, chacune des six faces est surchargée d'un millimètre afin que le mécanicien ajusteur puisse, après la fonte du cuivre, trouver assez de matière pour faire l'ajustement précis.

Les trois pièces posées sur le modèle doivent être affleurées en haut et en bas et on moule, sur le sommet et la base, des têtes de chapes qui, formant deux couvercles à rebord, descendent assez pour être fixées solidement. On ajuste des queues proportionnées à chacune des pièces.

Pour fondre ce gobelet à épaisseur normale, il faut un noyau qui n'est autre qu'une seconde épreuve du vase en plâtre dont les sujets sont supprimés et qui sera scellé à la chape du sommet tandis que le noyau du pied sera scellé à la chape de la base.

Le moule, étant achevé en plâtre, doit, pour être utilisé, être reproduit en métal par un alliage de cuivre, de zinc et d'étain.

Les ouvriers mouleurs employés à la fonderie le moulent au

sable et en font des pièces qu'ils placent et déplacent comme a fait celui qui a établi le modèle.

Ils assemblent ensuite leurs pièces dans des cadres superposés ou châssis, ménageant dans le sable des coulées pour conduire le métal dans des rigoles aboutissant à l'entonnoir de coulée. Le sable a été, préalablement, dans les châssis, bien étuvé et enfumé. Le métal, fondu dans le creuset encerclé d'une forte pince que maintient le fondeur, est versé progressivement par le bec du creuset dans l'entonnoir jusqu'à ce que le métal liquide affleure le bord de l'ouverture.

On laisse refroidir la masse pendant plusieurs heures et le moule en sable est brisé pour dégager la pièce fondue, qui apparaît avec le réseau de ses coulées ou jets de cuivre que l'on enlève en les ébarbant à la scie et à la lime pour rendre la pièce nette.

Les cinq parties du moule sont obtenues ainsi que le noyau, celui-ci alimenté par des canaux plus larges pour fournir le métal nécessaire.

On peut substituer la fonte de fer au cuivre pour les parties du moule telles que le noyau et le chapeau, qui n'ont à subir qu'un tournage mécanique.

L'ajusteur termine alors le moule en commençant par dérocher les pièces à l'eau seconde (acide sulfurique étendu d'eau). Il utilise le surcroît de matière, ajouté sur les faces d'ajustage qui doivent donner une clôture hermétique, pour empêcher toute fuite d'étain. L'ajusteur affleure à la lime ou à la raboteuse les six parties des murets qui doivent se joindre exactement et s'assure au compas, en comparant les pièces fondues au modèle, de l'exactitude des dimensions.

Reprenant les pièces sur lesquelles se trouve la versé, il y taille au burin un canal terminé en entonnoir vers l'embouchure et qui, divisé en deux parties, conduit l'étain dans le moule.

Le moule ainsi constitué est monté sur le tour : on centre exactement la pièce en affleurant la partie plane de l'ouverture

au ciseau, puis, retournant le moule sur le tour bout pour bout,
on fait la même opération pour le pied.

La chape du haut et le chapeau du bas sont évidés pour recevoir les parties extrêmes du moule en s'adaptant à la partie
pleine et aux contours qu'emboîtent les chapes.

Sur le noyau, on enlève assez de matière pour trouver l'épaisseur de l'étain nécessaire à la résistance du gobelet et au soutien,
sur le fond, des parties en relief.

A la partie supérieure du chapeau du bas, qui porte le noyau
du pied, on ajoute un tenon qui, y pénétrant, maintient les deux
noyaux lorsqu'ils sont à leurs places respectives et que leurs
chapeaux ont coiffé les pièces du moule.

Pour éviter l'adhérence de l'étain au cuivre, les deux parties
du moule sont potayées. Le potayage est une sorte d'enduit
d'ocre ou de blanc de Meudon très dilué dans l'eau, que l'on
étend à l'intérieur sur les surfaces.

GRAVURE. CISELURE EN CREUX DES MOULES

Le travail le plus important est celui de la gravure et de la
ciselure en creux des moules. Le graveur, ouvrant le moule,
enlève les noyaux, ne conservant sur son établi que les trois
parties du moule proprement dit, où sont en creux les sujets.
Il a sous les yeux le modèle en relief ainsi que les pièces en
plâtre qui ont servi de modèle au fondeur. Il se sert, pour fixer
les pièces du moule, d'un boulet en fer dont le sommet laisse
une échancrure assez large entre deux mâchoires dont l'une est
traversée par une vis de pression. La partie inférieure du boulet
porte sur une couronne appelée palonnier dans laquelle il évolue
en tous sens.

Le tout forme une sorte d'enclume qui peut s'incliner sous
tous les angles pour le travail du graveur dont les outils sont de

petites limes courbes à deux bouts taillés (rifloirs) et des burins de toutes formes à tête franche sur laquelle le marteau peut frapper. Il emploie encore des ciselets dont les formes variées puissent s'appliquer aux cavités à parfaire ou à créer.

Quand le ciseleur a fait au ciseau le gros du travail, il prend une lime douce et coudée qui lui permet d'affleurer son ébauche. Quand toutes les saillies sont parfaitement raccordées, on adoucit les fonds ainsi que l'intérieur du moule à l'aide d'un bâton de bois imprégné d'un mélange d'émeri et d'huile ou avec un outil de cuivre rouge approprié.

En principe, on commence toujours par attaquer les parties de raccord pour que la forme générale soit parfaite et on passe ensuite aux détails de ciselure et de gravure du centre des pièces.

OPÉRATIONS DE LA FONTE. ALLIAGES.

La fonte de l'étain dans le moule nécessite quelques précautions. On fond le métal dans une marmite en fer sur un fourneau chauffé au charbon de terre, au bois, au gaz, ou au pétrole. Sur le rebord du fourneau sont placées des cuillers de fer ayant leur bec sur le côté. Près du fourneau sont des lingots d'étain au titre adopté, qu'on peut utiliser, soit pour augmenter la quantité de métal en fusion, soit pour faire baisser la température si le métal est trop chaud. On s'en aperçoit lorsque l'étain change de couleur, passant au jaune, au bleu, se ridant et formant à la surface une crasse abondante.

Un réchaud à gaz ou à charbon de bois est allumé pour chauffer les parties du moule démontées pièce à pièce.

Quand le moule est à la température voulue, on le potaye et on l'assemble solidement pour la coulée de l'étain.

L'étain employé par les potiers est au titre de $\frac{90}{100}$, c'est-à-dire qu'il ne peut admettre en alliage plus d' $\frac{1}{10}$ de plomb ou d'autres métaux. C'est celui qu'on emploie pour la vaisselle et pour tous les ouvrages ayant un caractère d'art :

L'alliage conseillé par Brateau contient :

Étain fin (Banca, Malacca, Détroit, Cornouailles). 90 parties.
Régule d'antimoine................................ 8
Cuivre rouge..................................... 2

C'est l'alliage donnant l'étain blanc et sonore.

La formule, employée par le potier d'étain Salmon en 1780 pour la vaisselle, était :

Étain fin.......... 100 livres
Cuivre rosette.... 1 livre
Bismuth.......... 1/2 livre.

Pour finir la pièce, on obtient aujourd'hui l'adoucissage par le sable projeté à l'aide d'une soufflerie : ce procédé a remplacé l'usage des brosses métalliques qui éraflaient le métal d'une façon fâcheuse.

Le poli brillant s'obtient avec le brunissoir en acier.

Après les progrès considérables réalisés depuis plus de trente années, on peut s'attendre à ce que l'industrie de l'étain reprenne en France l'importance qu'elle eut au xvie et même au xviiie siècle. Si ce résultat n'a pas encore été complètement obtenu, c'est sans doute à cause du défaut d'éducation artistique qui empêche trop souvent les fabricants de se rendre compte de la valeur commerciale que pourraient avoir des objets exécutés suivant de bons modèles. Ils s'imaginent servir leurs intérêts en économisant les frais de ces modèles qu'ils pourraient demander à des artistes suffisamment qualifiés, alors que, par la répétition à milliers d'exemplaires d'objets usuels bien composés et bien exécutés, les frais d'établissement des modèles seraient vite amortis et que ces objets, ayant un caractère artistique, augmenteraient de valeur.

D'ailleurs, on ne peut guère donner le nom d'ouvrages en étain à certains ouvrages modernes dans lesquels l'étain intervient dans un alliage où le plomb entre pour 80 %, l'antimoine pour 16 % et l'étain pour 4 seulement, alliage si fusible qu'on peut employer des moules en pâte de papier durci. C'est à peu près l'alliage des caractères d'imprimerie qui comprennent 80 % de plomb et 20 % d'antimoine.

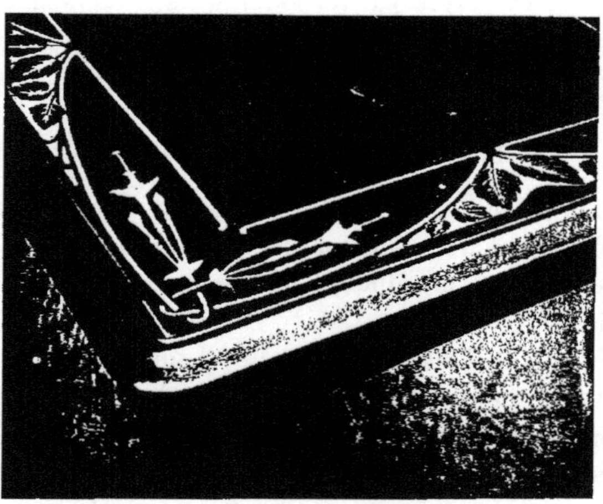

Fig. 35. — Angle d'une table en acajou avec incrustations d'étain, par Raguel.

Le métal dans lequel l'étain n'entre que pour « blanchir » est si oxydable qu'on a recours à la nickelure, à l'argenture ou à la dorure obtenues par dépôt galvanoplastique et, par raison d'économie, le nickel est employé de préférence parce que l'argent et l'or n'adhèrent bien que sur le métal cuivré.

D'autre part, les artistes sont trop souvent mal préparés à

composer avec simplicité et à exécuter avec précision les modèles
d'objets usuels. Le principal intérêt de l'étain fondu étant de
permettre d'éviter toute ciselure grâce à sa fusibilité et par la
finesse de la ciselure du moule, la composition devrait tenir
compte de toutes les nécessités techniques, même des coutures
obligatoires du moule, afin d'éviter qu'elles coupent un ornement et servent au contraire à affirmer une ligne saillante.

A côté de la vaisselle et de la bimbeloterie qui en sont les
principales applications, la fusibilité de l'étain a été utilisée de
nos jours pour une application très intéressante du métal au
décor des meubles : l'étain est coulé, comme l'émail, dans un
travail de champlevé, dans un ornement gravé en creux et donne
avec le bois l'harmonie la plus délicate (table de Raguel, fig. 35).

Enfin, pour l'avenir artistique et industriel de l'étain, il ne
faut pas oublier que, non seulement il se fond, mais aussi se plane,
se lamine, se coupe, s'estampe, se repousse, s'emboutit, se ciselle
avec la plus grande facilité.

Son seul inconvénient, inhérent à tous les métaux mous, mais
que l'alliage de cuivre corrige dans une large mesure, est de se
bosseler assez facilement : c'est peu de chose au regard de toutes
ses qualités et, à revoir, de siècle en siècle, les emplois
qu'on a su en faire, on se prend à penser que c'est un défaut de
goût qui, au siècle dernier, l'avait relégué à un rang inférieur :
il serait à souhaiter que cela fût compris dans tous les milieux.

V

L'ORFÈVRERIE D'OR ET D'ARGENT

Travail des métaux précieux dans l'antiquité.
Martelage, emboutissage. Fonte. Soudure. Ciselure.

L'or et l'argent existent dans la nature à l'état natif.

On trouve l'or disséminé en grains (pépites) dans les roches primitives ou en paillettes dans les sables de quelques rivières, résultant de l'érosion des roches par les eaux. Des paillettes d'or se rencontrent dans les sables du Pô, du Danube, même dans les sables de l'Ariège, du Gardon, mais en si petite quantité que le métier d'orpailleur a été peu à peu abandonné en France.

La mine d'antimoine de la Lucette (Mayenne) contient des pépites d'or natif qui sont exploitées actuellement. L'or natif est généralement pur. Pour extraire l'or des roches, on les broie et on les triture avec le mercure : l'or reste comme résidu après distillation de l'amalgame. Pour séparer l'or des sables, les orpailleurs les lavent sur des tables inclinées garnies de laine ou de coton, afin de recueillir les paillettes. L'or disséminé en filons dans les roches ne peut en être extrait qu'après « bocardage » des roches et le sable chargé d'or est ensuite traité au mercure.

Les minerais les plus abondants sont les sulfures que l'on grille et que l'on fond : les mattes sont fondues avec du plomb et l'or séparé par coupellation ; mais, si le minerai est suffisamment riche, on le broie directement avec le mercure.

Lorsque le minerai contient de l'argent, on dissout l'argent dans l'acide nitrique pour isoler l'or que cet acide n'attaque pas.

L'argent natif est quelquefois pur, le plus souvent allié, à l'état

de sulfure, de carbonate ou de chlorure, avec d'autres métaux tels
que le plomb et l'antimoine. Le sulfure est le minerai le plus
abondant. Les minerais de plomb argentifère sont d'abord traités
par le grillage. On mélange une partie de minerai avec 8 de gre-
naille de plomb. On fond le mélange dans une capsule d'argile ou
« coupelle » : le laitier se sépare et il ne reste dans la capsule

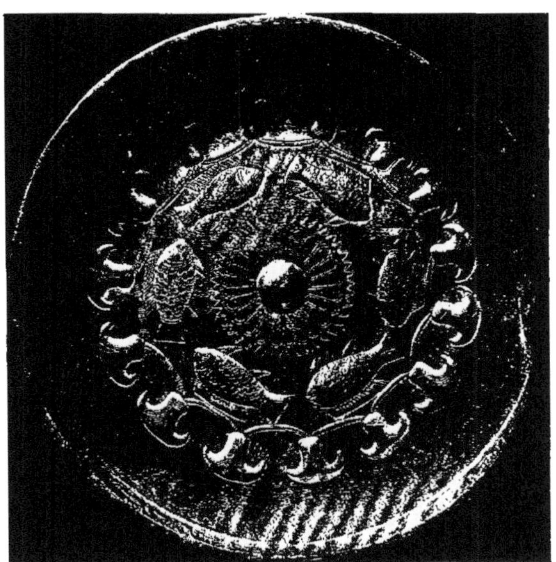

Fig. 36. — Coupe égyptienne en or (Musée du Louvre).
Gravure et ciselure au repoussé.

que la moitié du plomb employé, que l'on coule dans une lingo-
tière enduite de craie. L'argent est séparé du plomb par coupellation : l'alliage étant fondu, le plomb s'oxyde et est peu à peu
absorbé par la coupelle qui fait l'office d'un filtre, imperméable
aux métaux non oxydés tels que l'or et l'argent. L'argent est
moins malléable que l'or et moins ductile.

Le procédé de travail le plus intéressant est celui du marte-

lage qui permet de créer complètement une pièce, de lui donner
sa forme et de la décorer par la gravure ou par le ciselure au
repoussé. Un autre procédé est celui de la fonte entraînant des
opérations analogues à celles de la fonte au sable et de la ciselure du bronze.

MARTELAGE. EMBOUTISSAGE. CISELURE AU REPOUSSÉ.

Le travail au marteau comprend le planage, qui sert à réduire
l'épaisseur du lingot en augmentant sa surface et l'emboutissage,
qui a pour but de donner une forme concave ou convexe à la
feuille de métal sous l'action du marteau ou de la bouterolle.
La feuille est rétreinte au marteau pour ramasser le métal
sur lui-même au fur et à mesure de l'élévation de la pièce, qui a
toujours pour point de départ un cercle et le métal précieux est
ensuite développé suivant le profil cherché : le martelage sur
le bord extérieur, exécuté sur des enclumes ou « tas » arrondis
et polis, fait disparaître les plissements de métal qui résultent
de sa rétreinte.

Rétreindre une pièce, c'est la préparer à fournir la quantité
de métal indispensable au développement qu'exige un profil
donné : pour cela on a soin, en montant la pièce, de réserver
toujours l'épaisseur au sommet, de telle sorte qu'on puisse, s'il
s'agit d'un vase, par exemple, trouver, après étranglement du
collet, la matière nécessaire à l'évasement de l'ouverture.

Si la surface du vase devait recevoir des ornements, on les exécutait en ciselure au repoussé après les avoir tracés sur la feuille
d'or ou d'argent et après avoir donné, soit directement, soit par
contre-coups de l'outil coudé dit « recingle », le métal nécessaire
à l'exécution du décor en relief qui naissait sur la feuille.

Un procédé plus expéditif, applicable aux pièces détachées,
était l'estampage qui, par interposition d'une feuille de plomb,

donnait au métal la forme déterminée par une matrice d'acier portant en creux l'ornement à obtenir en relief.

L'outillage nécessaire au travail des métaux précieux comprend d'abord des marteaux de différentes formes (marteaux à planer, marteaux à emboutir, marteaux à rétreindre, maillets de bois, etc...) ainsi que des bigornes (outils à deux branches, l'une ronde, l'autre aplatie), bigornes droites pour la fabrication des

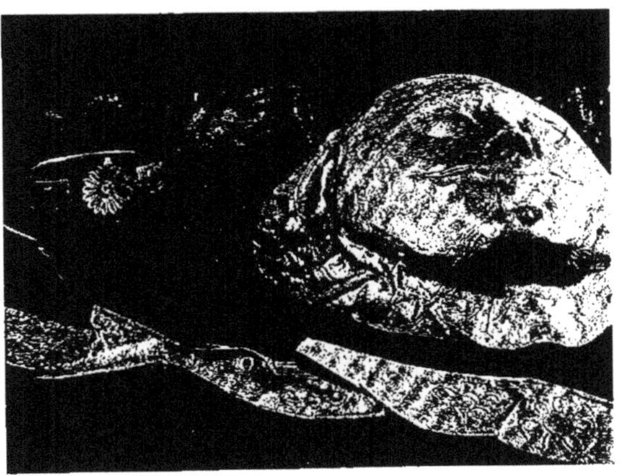

Fig. 37. — Masque d'or d'un prince de Mycènes (Musée d'Athènes). Emboutissage.

timbales, bigornes rondes pour des objets arrondis tels que le fond d'une saucière ou la coque d'une cafetière, puis des enclumes ou tas, tas à planer, à surface unie et polie portant en dessous une queue entrant dans un billot, tas à « soyer » ayant leur surface divisée par des fentes inégales pour l'exécution des rebords ou ourlets, tas à « canneler », boule servant à donner une première forme d'emboutissage, mandrins de formes diverses.

L'orfèvre utilise encore les cisailles servant à découper la feuille de métal, puis des outils à percer, à découper, des limes rectangulaires, triangulaires, demi-rondes ou coniques, des rifloirs, limes recourbées servant à atteindre les parties que n'atteindraient pas les limes droites.

Il faut encore mentionner l'emploi, pour tous les travaux délicats, des burins ou échoppes, du poinçon, de la gouge, etc...

Ce sont les outils nécessaires aux travaux manuels, auxquels on a substitué jadis l'emploi du mouton pour l'estampage, puis l'emploi du balancier, du tour horizontal et, tout récemment, de la presse, pour l'emboutissage.

Les pièces martelées donnent lieu à diverses opérations de montage pour les objets qui ne sont pas obtenus d'une seule pièce et qui comportent un repliage et un bordage, comme cela a lieu pour les doublures de vases décorés au repoussé. L'assemblage est complété ensuite par la soudure, lorsque les pièces à assembler ont été parfaitement ajustées à la lime et au rifloir.

Pendant tout le travail du martelage, il est nécessaire de recuire le métal, de lui donner des chaudes pour éviter que le métal martelé ne s'écrouisse et ne devienne cassant.

FONTE. SOUDURE. CISELURE

Pour les pièces exécutées en métal fondu, on emploie, suivant l'importance des pièces, le moulage au sable qu'on exécute par des procédés analogues à ceux en usage pour la fonte du bronze. Pour de menus objets, on emploie les moules en tripoli ou même en os de seiche dont la partie molle est utilisée et dont l'emploi est limité à des modèles pouvant être de dépouille. Pour les métaux précieux comme pour le cuivre, le moulage s'applique à des pièces qui doivent être répétées, que la fonte livre en partie achevées et qui, pour la solidité, doivent être massives, telles que des anses ou des pieds de vase.

La fonte comporte toujours l'intervention ultérieure du ciseleur. L'assemblage des pièces martelées ou fondues est obtenu par la soudure.

La soudure est faite avec un alliage plus fusible que celui des parties à réunir, la pièce devant repasser au feu pour chacune des soudures. L'opération est faite en couvrant la pièce par le charbon incandescent après que les parties à souder ont été, à l'aide du marteau, de la lime et du grattoir, amenées au degré de poli convenable. Des ligatures en fil de fer, faites avec le plus grand soin, évitent le déplacement des pièces qu'on prépare à la soudure en les couvrant de borax en poudre pour faciliter la fusion des paillons de soudure qui a lieu au rouge blanc. Lorsque tout est bien soudé, on décape la pièce pour enlever le borax et on fait disparaître à la lime, à l'échoppe ou au rifloir, la soudure en excès ; on enlève les traces d'outil à la pierre ponce et on termine le polissage.

La soudure est d'autant plus fusible qu'elle contient plus de cuivre. Les soudures les plus fortes sont à employer les premières lorsque la pièce comporte plusieurs soudures successives. Dans certaines soudures à l'argent entrent pour 62 grammes d'argent fin, 31 gr. de laiton et 15 gr. d'arsenic. On désigne pour l'argent, sous le nom de soudure au six, au quart ou au tiers, la soudure à employer suivant la quantité de cuivre jaune qui entre dans la composition des alliages (soit 1/6 — 1/4 — 1/3 de cuivre), ceux-ci ne comportant point d'arsenic.

Les soudures de l'or sont désignées sous le nom de soudure au quart, au tiers ou au deux suivant que l'or y entre pour les trois quarts, les deux tiers ou la moitié, l'argent entrant dans la composition de chacun des alliages pour une quantité double de celle du cuivre rouge.

L'ORFÈVRERIE DANS L'ANTIQUITÉ

La rareté des métaux précieux dans l'antiquité, ayant pour conséquence leur emploi sous un petit volume, explique les procédés de travail, par battage et amincissage en feuilles, des petits lingots de métal fondu. La malléabilité de l'or est telle qu'on le réduit, par le battage, en feuilles assez minces pour être presque transparentes : l'or prend alors une coloration verdâtre.

En raison de son éclat et de son inaltérabilité, l'or avait été choisi de préférence à tout autre métal pour les objets consacrés aux dieux, pour la parure des rois ou pour les dons qu'un prince pouvait offrir en récompense d'un grand service. C'est par le mobilier des tombeaux que nous avons connu l'orfèvrerie ancienne et c'est dans l'Égypte, berceau de toute civilisation, que les objets d'or sont, au point de vue artistique, le plus précieux. Mariette en a recueilli quelques-uns dans les tombes des dynasties thébaines. Un autre explorateur français, M. de Morgan, en a extrait aussi de remarquables des fouilles de la pyramide de Dachour.

Le Louvre, quoique moins riche que le Musée du Caire, conserve plusieurs pièces importantes d'orfèvrerie exécutées du xviie au xve siècle avant notre ère. C'étaient des pectoraux placés sur la poitrine des morts, des masques de métal repoussé couvrant leur figure, des bracelets, des colliers.

Les fleurs d'Égypte, le lotus et le papyrus, fournissaient aux orfèvres leurs thèmes décoratifs. Une coupe plate en or (fig. 36), don de Thoutmès III à son officier Thoutii, couverte d'hiéroglyphes sur le bord vertical que termine un ourlet, est ornée, au fond, d'une rosace que contournent des poissons nageant au milieu de fleurs de lotus. La rosace est simplement gravée au centre de la coupe dont le point de centre est marqué par une petite dépression. Les ornements tracés à la surface limitent à l'extérieur la partie de la feuille qui a été travaillée au repoussé en martelant la feuille d'or et en complétant la décoration par la ciselure et la gravure : c'est la gravure qui dessine les écailles des poissons et les nervures des feuilles.

Les Égyptiens avaient le souci de conserver inaltérables les corps des défunts pour leur assurer la seconde vie qui suivait la mort; aussi ont-ils prodigué l'or, métal inaltérable, dans les tombes royales. Le musée du Louvre conserve un masque d'or fait en feuilles de métal minces et qui couvrait la face d'un prince thébain.

Des masques semblables ont été découverts dans les fouilles des tombeaux des princes de Mycènes (fig. 37) et cette découverte montre bien les rapports qui existaient entre l'Égypte et les populations d'origine orientale qui occupaient la Grèce vers le xve siècle avant notre ère. Les tombes de Mycènes ont justifié la

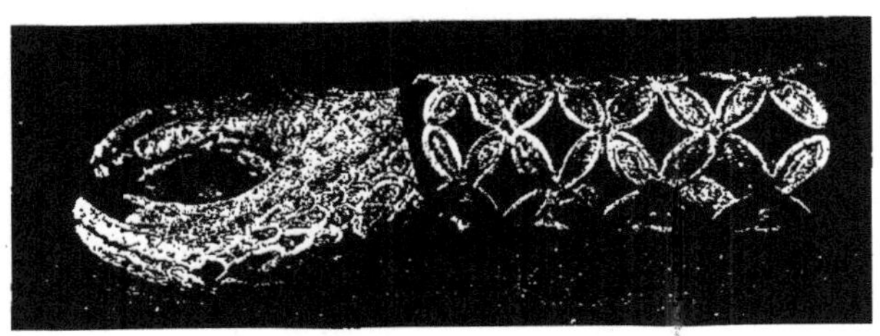

Fig. 38. — Sceptre d'un prince de Mycènes (Musée d'Athènes).
Or cloisonné sertissant des étoiles en cristal.

réputation de la Ville que le poète désignait par l'épithète « riche en or ». Ces masques étaient-ils battus sur un moulage de la face du défunt? Il semble en tout cas qu'on ait cherché à leur donner les traits du personnage enseveli.

L'Égypte a de bonne heure associé les pierres précieuses à l'or pour la décoration des pièces d'orfèvrerie. C'est ainsi que les pectoraux posés sur la poitrine des morts ont souvent l'aspect de temples funéraires surmontés d'une corniche en forme de gorge que décorent des cornalines ou des pâtes d'émail enchâssées dans de hautes cloisons. Au centre du bijou, on figurait, tantôt la barque funèbre où le défunt était représenté entre deux divinités, tantôt le scarabée symbolique, tantôt l'épervier. Souvent le naos est une plaque d'or pleine, souvent aussi la plaque est ajourée suivant les contours des motifs d'ornements, les bords de la feuille d'or étant relevés pour former cloison.

Ce mode de décor avait reçu aussi dans l'art mycénien de nombreuses applications. On conserve au Musée d'Athènes un sceptre formé d'étoiles d'or montées à jour dans lesquelles s'enchâssent des fragments de cristal taillé (fig. 38) et que termine une tête de dragon dont les écailles sont figurées par des cloisons d'or sertissant des fragments de pâte vitreuse.

Pour les objets destinés à contenir des liquides, il était indis-

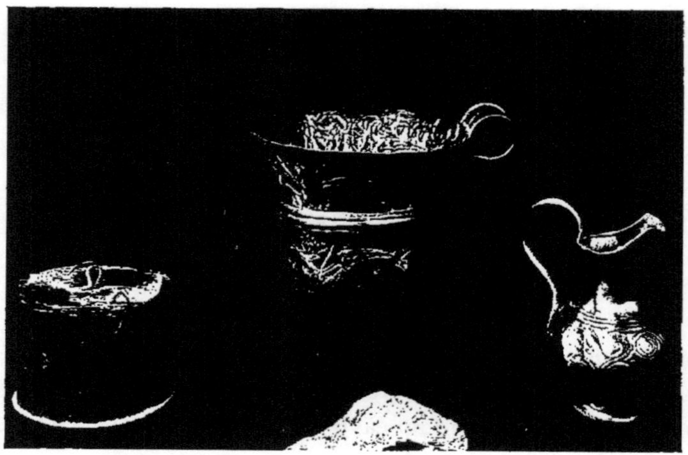

Fig. 39. — Vases en or décorés par la ciselure au repoussé, provenant des tombes royales de Mycènes (Musée d'Athènes).

pensable d'emboutir la feuille d'or; c'est le procédé qu'employèrent les orfèvres mycéniens.

Le décor est constitué, suivant la tradition orientale, par des zones d'animaux passant. Sur l'une des coupes, ce sont des lions exécutés au repoussé dont les poils sont indiqués au burin. L'anse, formée d'une lame d'or arrondie et repliée, est fixée au vase par des rivets. Sur une coupe en forme de gobelet, ce sont des poissons qui forment le décor (fig. 39).

D'autres vases en forme d'aiguières ont été exécutés de même ;
la feuille d'or a été emboutie et relevée au marteau suivant les
procédés de martelage encore en usage et, pour l'aiguière dont

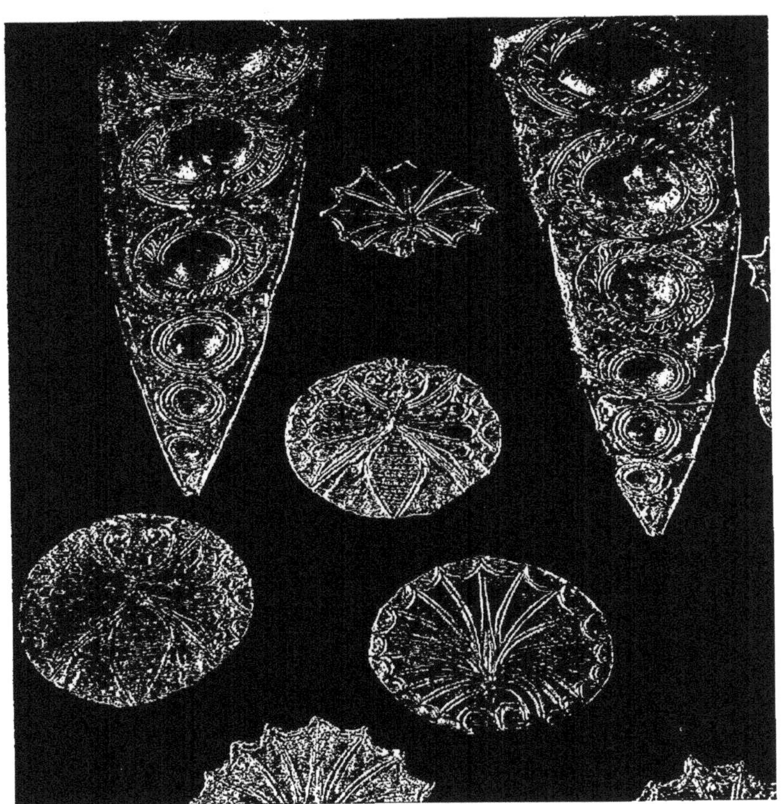

Fig. 40. — Bandes d'or à bossettes formant diadème et disques d'or figurant des papillons ou des feuilles radiées, provenant des tombes royales de Mycènes (Musée
d'Athènes).

le col est étranglé, il est probable que le décor de la panse a été
exécuté à l'aide d'un outil analogue à la recingle.

Le procédé d'emboutissage sur mandrins formés de plusieurs

pièces réunies autour d'une clef, dont l'enlèvement facilitait la sortie, est un travail moderne qui suppose l'emploi du tour.

Sur les vases de Mycènes qui paraissent avoir été exécutés entièrement par martelage, le décor est constitué fréquemment par des spires entrelacées, disposées aussi par bandes et séparées par une moulure en forme de tore. Les poignées semblent toujours avoir été rivées sur la forme emboutie. Quelques-uns des gobelets sont ornés de cannelures horizontales. Les formes sont d'ailleurs extrêmement variées. Parmi les vases d'or mycéniens, l'un des plus remarquables est une coupe élevée sur pied cylindrique et ayant la forme d'un calice ; elle est munie de deux anses rivées sur lesquelles s'appuient deux oiseaux.

Dans l'art mycénien, les thèmes décoratifs semblent, d'une part, se rattacher à une tradition orientale, d'autre part, interpréter sur des données absolument originales la faune et la flore marine. Tantôt ce sont des combinaisons de lignes droites ou courbes, spires et méandres, enveloppant, comme on le voit sur certains diadèmes, des bossettes saillantes ; tantôt ce sont des poulpes, des fleurs radiées et jusqu'à des mouches ou des papillons ornant des disques de métal recueillis en grand nombre et qui semblent avoir été exécutés par estampage, puis cousus ou collés sur les vêtements (fig. 40).

Le plus souvent, ces objets ne sont pas doublés et le travail de ciselure au repoussé est visible à l'intérieur. Pour des ouvrages plus soignés qui sont peut-être aussi de date plus récente, la feuille d'or extérieure décorée au repoussé est doublée intérieurement d'une feuille d'or unie qui vient en quelque sorte emboîter et recouvrir la première par les procédés en usage dans la chaudronnerie, grâce à un excédent de métal qu'on rabattait en frappant le bord de la feuille à l'aide d'un maillet de bois sur une bigorne et qu'on tournait sur un fil métallique pour former l'ourlet. Ainsi sont exécutés les célèbres gobelets d'or trouvés à Vaphio dans une tombe à coupole de Laconie par M. Tsoundas et que décorent des bas-reliefs retraçant la lutte de l'homme et du taureau sauvage. C'est une interprétation curieuse, unique en son genre, de la figure humaine pour cette période de l'art grec antérieure à l'invasion dorienne.

Les orfèvres mycéniens étaient d'une prodigieuse habileté, comme en témoignent les incrustations de métaux précieux dans le bronze. Ainsi étaient décorées, par des scènes de chasse ou des méandres, les lames des poignards découverts dans les

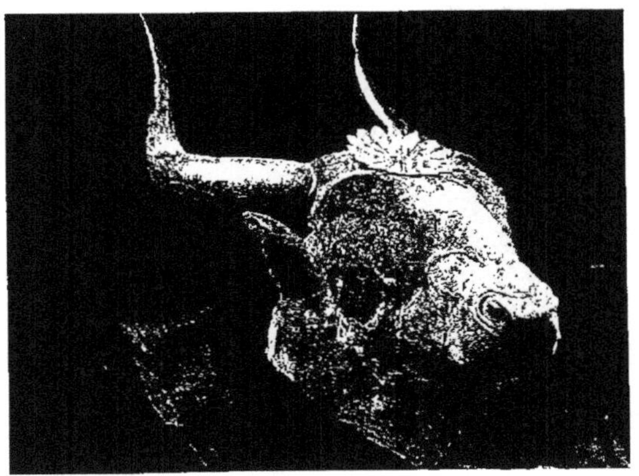

Fig. 41. — Tête de bœuf en argent, à étoile et cornes en or,
provenant d'une tombe royale de Mycènes (Musée d'Athènes).

tombes. Les manches de ces poignards étaient en bois recouvert d'une feuille d'or. Le Musée d'Athènes en conserve un remarquable spécimen.

L'une des plus belles pièces trouvées à Mycènes est une tête de bœuf en argent incrusté d'or (fig. 41). L'or a été employé notamment pour les cornes et pour la rosace qui saillit sur le fond. Il semble que les cornes aient été soudées. Cela paraîtrait indiquer que tous les procédés actuels de travail étaient connus. Grâce aux extraordinaires découvertes faites dans les tombeaux des princes mycéniens, nous connaissons beaucoup mieux l'orfè-

vreric grecque des époques préhistoriques que l'orfèvrerie
grecque du temps de Périclès. Nous n'aurions même que des
indications fort vagues sur le travail des orfèvres gréco-romains
si les fouilles d'Herculanum ou de Pompéi ne nous avaient fait
connaître de fort belles pièces d'argenterie martelées et ciselées
au repoussé, dont l'ornementation libre, presque moderne, est
empruntée à la flore italienne.

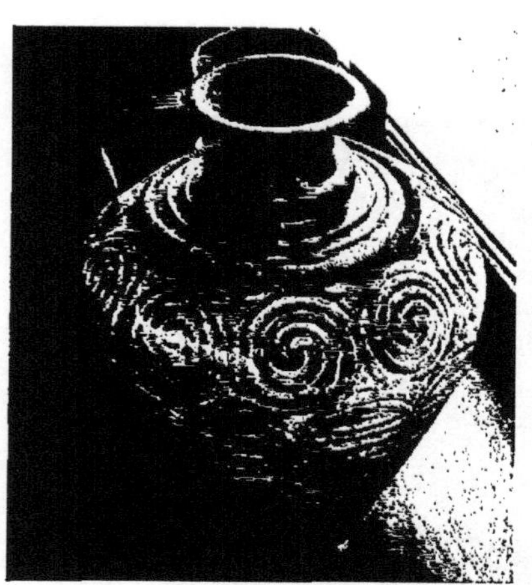

Fig. 42. — Vase d'argent ciselé au repoussé,
provenant d'une tombe de Mycènes (Musée
d'Athènes).

Dès la civilisation ancienne de la Chaldée,
l'argent avait été employé pour la fabrication de vases
décorés, à l'imitation des vases de terre, par la gravure : tel le célèbre vase
d'Entemena, découvert en Basse-Chaldée par M. de
Sarzec (Musée du Louvre).

Un vase d'argent, d'une admirable conservation, dont
la panse est décorée de spires et de cannelures (fig. 42),
figurait parmi les objets d'or dans le mobilier funéraire des princes de Mycènes. Ici l'argent
n'a pas été fondu, le vase a été fait au marteau et décoré au
repoussé comme les vases d'or ; l'anse était rivée et non soudée.

Les vases d'argent du musée de Naples, qui ne sont guère antérieurs au premier siècle avant notre ère, datent d'une époque
où l'art romain était subordonné à l'art grec et témoignent d'une
grande souplesse dans la décoration empruntée au lierre, dont
les branches s'enlacent suivant une interprétation très juste de la
nature.

Trois importants trésors découverts, l'un à Hildesheim en

Hanovre, l'autre à Bernay (Eure), le troisième à Bosco Reale
près de Pompéi, ont fourni sur l'orfèvrerie de cette époque les
renseignements les plus précieux. Ce qui est remarquable pour
toutes les pièces, c'est la parfaite appropriation du décor. Dans
le trésor d'Hildesheim, une salière, décorée d'une branche courante, est ornée sur le pied par des cannelures : sur une autre,
le métal est profondément évidé entre deux bandes de moulures
ornées et, dans chacune, le travail très délicat s'accorde avec l'éclat
du métal uni. Sur un canthare bachique, ce sont des masques
exécutés au repoussé qui ornent la panse et le travail de ciselure
est extrêmement habile. Un manche de puisette, constitué par
les tiges accouplées d'une plante de la famille des ombelles,
peut être cité comme un exemple de décoration sobre et
délicate.

Un canthare trouvé dans le trésor de Bernay est décoré de
masques comme celui d'Hildesheim ; le décor est exécuté de
même en ciselure au repoussé et, à l'intérieur, le vase est doublé
d'une feuille d'argent. On sait que les pièces du trésor de Bernay
sont conservées à la Bibliothèque nationale.

Les vases découverts dans le trésor de Bosco Reale, généreu-
sement donnés au Louvre par M. de Rothschild, sont d'un art
plus délicat encore. Le décor, emprunté à la nature, est traité
avec un profond souci de vérité et fait de ces ouvrages d'orfèvrerie des œuvres qui, pour caractéristiques qu'elles soient de leur
époque, n'ont pas vieilli et pourraient servir de leçons aux
artistes modernes.

Sur l'un des vases sont dessinées des feuilles de platane et
l'orfèvre, tout en observant certaines saillies nécessaires à l'effet,
a bien rendu le modelé doux de ces feuilles dont le caractère est
accusé par le contour ; les branches s'élèvent en saillie dans la
direction des anses et s'amortissent vers le bas de la panse en
conservant le profil.

Deux branches d'olivier enlacées (fig. 43) forment l'admirable décor d'un vase à boire ; les oliviers se détachent du fond, presque en ronde-bosse, se rattachant à des tiges légères. Ainsi la surface du métal est enrichie par des saillies que la lumière enveloppe, déterminant des oppositions vives d'ombres portées. La feuille d'argent qui forme doublure est repliée sur le bord du vase.

Les thèmes décoratifs sont d'ailleurs d'une extrême variété. On ne s'attendait guère à trouver sur un vase de Bosco Reale une sorte de danse macabre précédant de bien loin ces protesta-

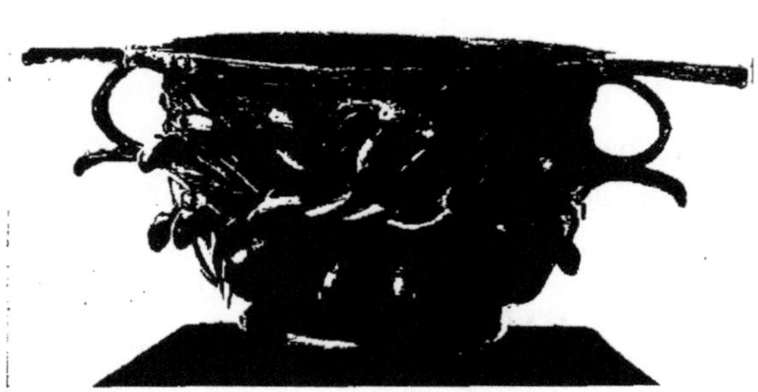

Fig. 43. — Vase à boire, en forme d'écuelle à deux anses, en argent repoussé, provenant du trésor de Bosco Reale (Musée du Louvre).

tions contre les vices des puissants de la terre qu'ont popularisées la peinture et la gravure du xive au xvie siècle.

Le travail de ciselure au repoussé était pratiqué avec une telle habileté que certaines têtes sont exécutées en relief et presque complètement isolées du fond. Peut-être, comme on le faisait encore il y a environ un siècle, ne pouvait-on réaliser ces travaux de virtuosité qu'en remplissant le vide par une pièce soudée. Parmi les pièces remarquables du trésor de Bosco Reale figure, sur un plat circulaire ou phiale, une tête saillante, complètement détachée du fond, surmontant un buste qu'accompagnent

des cornes d'abondance. On croit y reconnaître une représenta-
tion symbolique d'Alexandrie (la tête est surmontée de l'uraeus).

Parmi les objets du même trésor est une coupe plate dont le
fond est occupé par un buste d'Hercule enfant étouffant des serpents ; c'est encore une œuvre exquise dont le haut relief est mis
en valeur par l'entourage du métal sur lequel se joue la lumière.

Mais le programme le plus simple, celui qui consiste à porter
une douzaine d'œufs sur un plat d'argent, était interprété d'une
façon charmante. Dans un plat dépendant du trésor d'Hildesheim,
douze évidements de forme ovoïdale déterminent sur la circonférence douze lobes qu'un travail de ciselure et de gravure rat-
tache au centre du plat formant une rosace enrichie par un travail
de gravure. N'est-ce pas là un exemple tout à fait frappant d'une
adaptation juste du décor à la destination de l'ouvrage et de l'application possible de l'art à toutes les œuvres ?

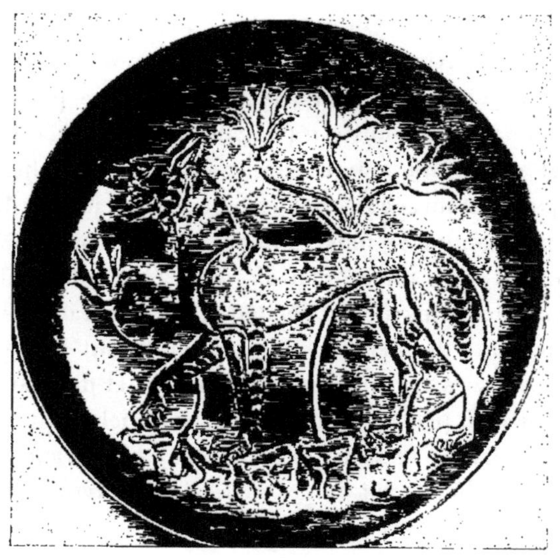

Fig. 44. — Coupe sassanide en argent embouti, martelé et gravé
(Bibliothèque nationale).

VI

L'ORFÈVRERIE AU MOYEN AGE

Le travail d'orfèvrerie, au moyen âge, ne diffère pas sensiblement de celui qui fut en usage dans l'antiquité. La méthode est
toujours celle du martelage de la feuille d'or ou d'argent, le
marteau servant à créer la forme en partant d'une feuille planée,
découpée suivant un cercle, et qui, emboutie ou rétreinte suivant

un profil déterminé, s'élève graduellement. C'est sur la forme
ainsi créée manuellement que sont reportés les ornements, tracés
d'abord, puis repoussés au marteau, si la pièce est ouverte, à la
recingle, si la pièce a son ouverture étroite. Ce sont les procédés
qu'on appliquait aussi au travail du cuivre ; les creux intérieurs
correspondant au développement des reliefs étaient garnis en
ciment et, se servant d'outils plus fins, le ciseleur au repoussé
achevait son travail.

Les procédés d'assemblage de la chaudronnerie par bordage et
par soudure, en ajustant avec le plus grand soin les surfaces de
jonction, continuaient également à être en usage. Mais le plus
souvent, lorsque l'étanchéité de l'objet n'était pas en cause, les
pièces étaient réunies par des rivets. Enfin on conservait le procédé de la fonte pour certaines pièces, telles que les supports des
vases ou les poignées, exigeant, pour résister aux chocs, des
épaisseurs supérieures à celle d'une feuille de métal.

L'outillage de l'orfèvre comprenait, au moyen âge comme
aujourd'hui, des burins et des échoppes, instruments tranchants
destinés à dégager les saillies, à dessiner les champs en abaissant
les fonds et les outils arrondis. « planes ou mates », servant à
modeler les figures ou les ornements.

Ce qu'il importe de bien distinguer, c'est la différence de
formes qui doit résulter des différents procédés d'exécution.
Dans le travail de martelage et de décoration au repoussé, il faut
éviter les arêtes vives qui risquent de couper la feuille de métal.
La figure ou l'ornement naissent en quelque sorte sur la feuille
et c'est précisément là le charme de ce genre de décor. Il en est
tout autrement pour les pièces qui, par leur destination, doivent
être massives, qu'on obtient par la fonte, et sur lesquelles la
ciselure peut sans inconvénient dégager les arêtes.

Un autre procédé de travail, très usité dans la bijouterie, avait
été appliqué au décor des métaux précieux dès l'antiquité : c'est
celui du filigrane : il consistait à mettre en œuvre des fils d'or

ou d'argent disposés sur un fond à l'aide de pinces suivant des contours d'ornements et maintenus à l'aide de la gomme adragante jusqu'à ce que la soudure eût déterminé l'adhérence du filigrane à la surface à décorer.

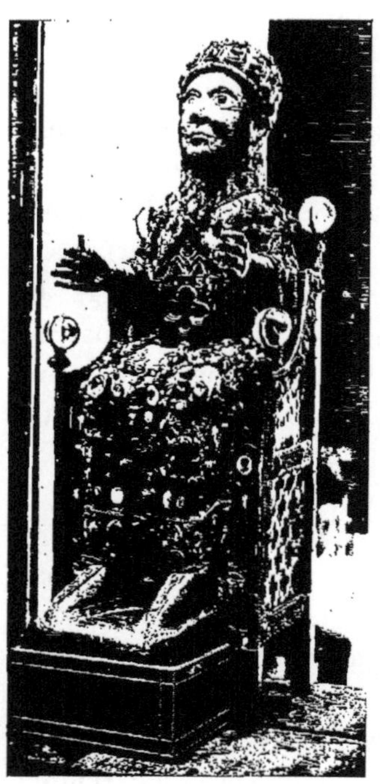

Fig. 45. — Statue de sainte Foy, en or repoussé, enrichi de pierres fines et de camées (trésor de Conques).

Ce travail a été pratiqué au moyen âge pour le décor de certaines pièces d'orfèvrerie religieuse, croix de procession, calices, ciboires et souvent le métal ainsi décoré était repercé pour ajouter aux effets de reliefs des effets d'ajour.

On employait aussi l'estampage de petites pièces détachées qui, rapportées sur un fond et soudées, se prêtaient à des combinaisons décoratives très variées.

Parfois, pour les vases ou les calices, on a établi par emboutissage deux coupes l'une dans l'autre, la coupe extérieure étant décorée d'ornements au repoussé, de feuilles estampées séparément et soudées, ou d'ornements en filigrane : cette coupe, qui sert d'enveloppe décorative, a ses fonds évidés entre les ornements de telle sorte qu'elle laisse voir par les vides la coupe intérieure.

Tous les procédés sont ceux que la tradition maintenait en Orient pour le travail des métaux et, la différence la plus apparente entre les ouvrages exécutés en Orient et ceux qu'on exécutait en Occident, c'est que les orfèvres orientaux décoraient presque toujours les surfaces de leurs pièces d'orfèvrerie par incrustations de métaux diversement colorés, tandis que les orfèvres occidentaux ornaient leurs pièces de reliefs résultant de la ciselure au repoussé et que, même à l'époque où ils décorèrent les fonds par les émaux opaques ou translucides, ils maintinrent, pour les parties essentielles du décor, l'usage des reliefs.

La Bibliothèque nationale conserve une coupe Sassanide en argent (fig. 44), dont les bords sont emboutis et dont le fond est orné par la gravure et la ciselure. Le sujet est un tigre sur la rive d'un fleuve. C'est presque un tigre héraldique.

Le sac de Constantinople par les Croisés a causé la perte d'ouvrages d'orfèvrerie qui eussent été des documents historiques et artistiques de la plus haute valeur. A défaut de ces ouvrages, les pièces conservées dans les trésors de nos églises et qui sont antérieures au xiie siècle nous renseignent sur les procédés de l'orfèvrerie orientale qu'on pratiquait alors en Occident.

La pièce la plus précieuse et la plus ancienne qui ait été conservée est la statuette en or de Sainte-Foy (fig. 45), du trésor de Conques : elle est enrichie de pierres fines et de camées dont quelques-uns sont antiques. Tous les procédés de travail sont représentés, depuis le martelage et la ciselure jusqu'au reperçage, au décor en filigrane et au montage, dans des chatons, des pierres précieuses et des camées. C'est une pièce exceptionnelle qui évoque le souvenir des costumes de cour byzantins qu'on voit figurer sur les mosaïques de Saint-Vital de Ravenne. La sainte, couronnée d'une sorte de tortil chargé de joyaux, porte au col un large collier d'or, décoré de pierres en relief et de pendeloques en orfèvrerie. C'est bien le costume de noble dame de cette époque et le visage aux traits fins était sans doute celui de quelque donatrice.

A Conques, c'est encore un reliquaire formé de feuilles d'argent estampé ou travaillé au repoussé et fixé sur une armature en bois à l'aide de clous à tête saillante. Le même procédé est appliqué sur un reliquaire du même trésor (fig. 46), mais il est complété par une décoration en filigrane accompagnant des pierres précieuses, montées dans des chatons qui sont rapportés sur des plaques de métal.

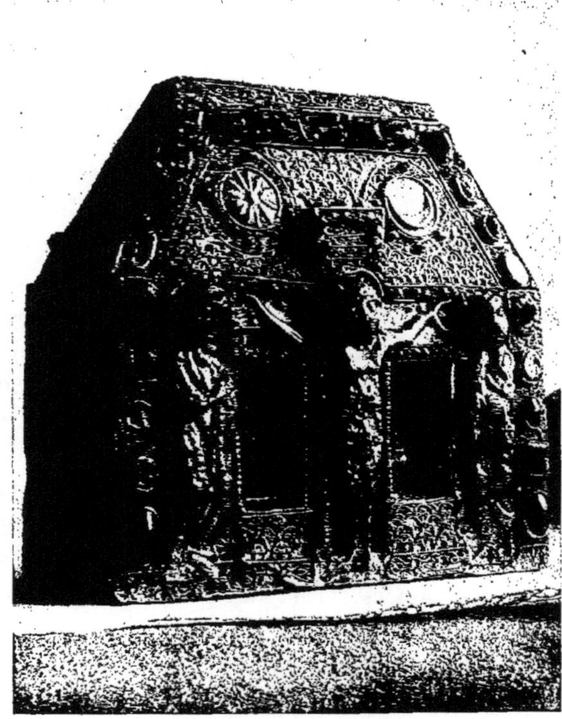

Fig. 46. — Reliquaire en vermeil, à décor de filigrane
(trésor de Conques).

Le sujet représenté sur la face du reliquaire est la Crucifixion : les figures du Christ, de la Vierge et de saint Jean sont exécutées au repoussé. Sur la face verticale du reliquaire et sur la partie inclinée formant toiture, sont représentés, dans des médaillons, le soleil et la lune.

Certaines pièces, qui paraissent être de travail oriental, ont été montées en France. Ainsi s'expliquerait la présence, dans l'église de Milhaguet, d'une burette byzantine en cristal de roche taillé (fig. 47), dont la monture est un bel ouvrage d'orfèvrerie française du XIIIe siècle.

Dans le même trésor est un autre reliquaire monté sur pied, de même époque et d'une admirable exécution. Au sommet du reliquaire, est une Vierge assise tenant l'Enfant Jésus ; le groupe est exécuté au repoussé.

. On ne peut d'ailleurs douter que les Croisades aient enrichi nos églises d'objets précieux venus d'Orient ; il suffit de citer le coffret d'ivoire à armature de métal que conserve le trésor de la cathédrale de Bayeux. Les serrures, pentures et écoinçons sont en argent ciselé et s'ajustent admirablement sur les plaques d'ivoire du coffret qu'elles consolident et enrichissent.

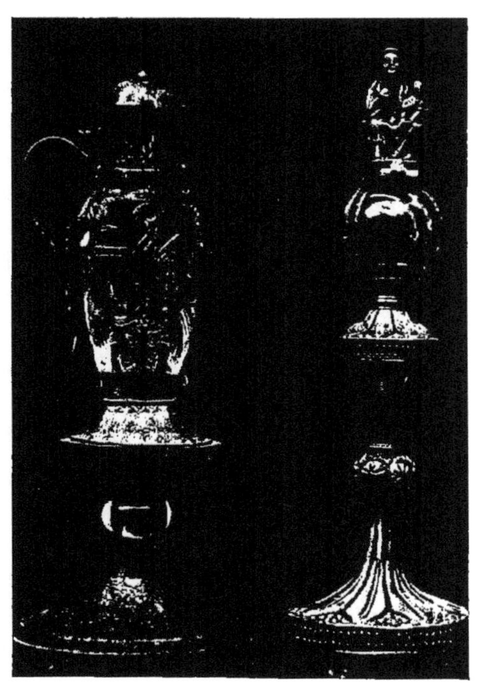

Fig. 47. — Reliquaire et Burette byzantine en cristal de roche, montée en argent doré au XIIIe siècle (trésor de l'église de Milhaguet).

On peut aussi rapprocher les formes des coupes arabes de celle des calices en argent qu'exécutaient au XIVe s. les orfèvres français, par exemple la coupe en cuivre damasquiné d'argent conservée à la Bibliothèque nationale, et le calice en argent de l'abbé

Pélasge (fig. 48) qui fait partie de la collection du Louvre. La destination de l'objet a conduit aux mêmes formes, bien que, dans le calice français, la bague ouvragée qui sépare le pied de la coupe caractérise une orientation différente du goût. Sur le pied du calice, comme sur le pied de la coupe, sont des inscriptions, mais le calice n'a pas sa surface enrichie d'incrustations et le décor, restreint à la bague ajourée et à l'inscription du pied, met en valeur les belles surfaces polies qui reflètent la lumière.

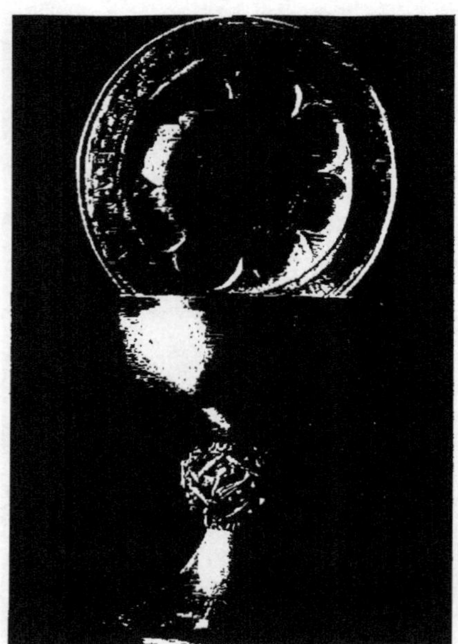

Fig. 48. — Calice et patène du prêtre Pélasge (Musée du Louvre).

Les orfèvres limousins n'ont cessé, du xiie au xve siècle, d'employer pour la figure les procédés du repoussé (vierge en argent du trésor de Conques, vierge en argent du trésor de Beaulieu en Corrèze). Au xiie siècle, le travail des figures est encore grossier, mais, dès le xiiie siècle, l'orfèvre est un statuaire et il modèle le métal avec autant d'aisance qu'il modèlerait la terre. On peut s'en convaincre en examinant le buste-reliquaire en cuivre de saint Ferréol, ouvrage du xive siècle, ou encore le buste-reliquaire en argent de sainte Valérie (fig. 49) postérieur d'un demi-siècle.

Parmi les plus belles pièces d'orfèvrerie française qui aient été conservées, il faut citer le ciboire en argent doré du trésor de la cathédrale de Sens (fig. 50), ouvrage de la fin du XIIIᵉ siècle, décoré, par la ciselure au repoussé, d'ornements linéaires et de feuilles dessinant, sur la coupe et sur le couvercle, de fines arcatures qui enrichissent, sans aucune lourdeur, les belles formes créées par le martelage. Cette magnifique pièce est à rapprocher du célèbre ciboire, en cuivre doré, d'Alpais qui lui est antérieur et qui est d'un travail beaucoup plus compliqué, comportant l'emploi des émaux champlevés.

Les reliquaires, dont les formes sont extrêmement variées, exerçaient la virtuosité des orfèvres. Quelques-uns, en forme de tubes (Musée de Cluny), ont pour soutien, ici des figures, là un pied de métal martelé décoré par la gravure. Sur l'un d'eux, le plateau portant des figures est enrichi d'émaux champlevés.

Un autre reliquaire, d'un travail très précieux (fig. 51),

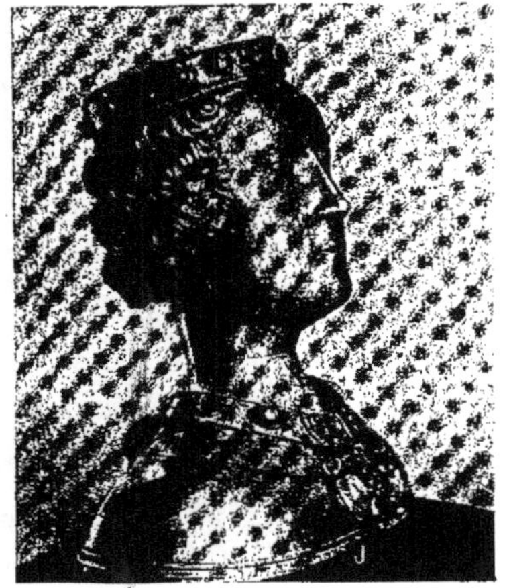

Fig. 49. — Buste reliquaire de sainte Valérie en argent et cuivre repoussés.

était conservé dans l'ancienne abbaye de Charroux (Vienne). L'ouverture triangulaire laisse voir à l'intérieur des anges portant la relique et la face est entièrement enrichie de filigranes encadrant des chatons sur lesquels sont figurées en émail des fleurs de lys et des tours de Castille.

Le filigrane pouvait en effet former, par l'assemblage de petites pièces estampées, des rinceaux, des couronnes et mille autres sujets formant des motifs isolés ou garnissant des fonds. Dans le trésor de Conques sont des plaques d'argent doré, provenant d'un triptyque, sur lesquelles le filigrane dessine une série de motifs à 3 et 4 lobes, séparant des inscriptions. Au XIVᵉ siècle, l'usage du décor en filigrane s'était généralisé et, parmi les pièces les plus curieuses exécutées à cette époque, on peut citer un triptyque en argent doré conservé à la Scuola di San Rocco, à Venise.

A cette époque, la décoration architecturale avait dans l'orfè-

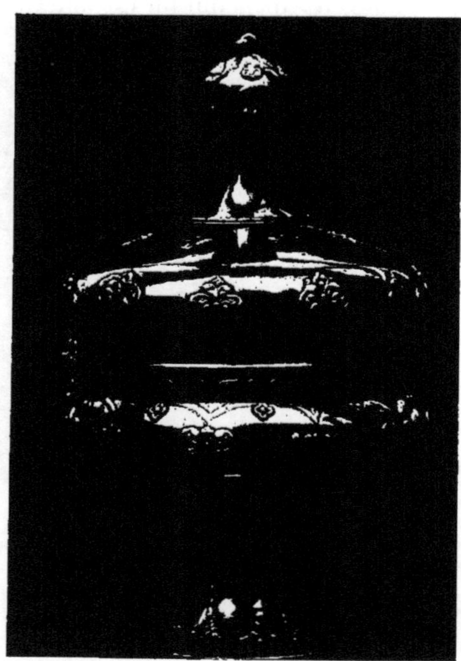

Fig. 50. — Ciboire en argent doré (trésor de la cathédrale de Sens).

vrerie un rôle très important. Elle déterminait, dans l'établissement d'un triptyque (fig. 52), tel que celui provenant de l'abbaye de Floresse (Flandre) et donné au Louvre, l'ordonnance de l'arcade trilobée encadrant le sujet principal, des arcs secondaires ornant les volets, des contreforts et des pinacles les couronnant, des crochets surmontant les arcatures ; les figures sont exécutées par le travail le plus souple et le plus fin de la ciselure au repoussé.

Un ange en vermeil, portant un reliquaire et conservé au Louvre, caractérise aussi la perfection de ce travail, mais aucun ouvrage n'en rend peut-être mieux compte que la délicieuse statuette de Vierge placée au Louvre dans la galerie d'Apollon et qui était un don de la reine Jeanne d'Évreux.

On peut encore citer comme une pièce merveilleuse de composition et d'exécution le reliquaire du voile de sainte Aldegonde qui, avant 1906, était conservé dans le couvent des dames Ursulines de Maubeuge (fig. 53).

Pour apprécier à leur valeur les œuvres françaises, il suffit de les comparer aux ouvrages allemands contemporains. Les collections du Musée de Cluny permettent cette comparaison. Un grand reliquaire, en argent repoussé avec parties fondues et sur lequel est représentée la Vierge tenant l'Enfant Jésus, caractérise bien l'orfèvrerie française au

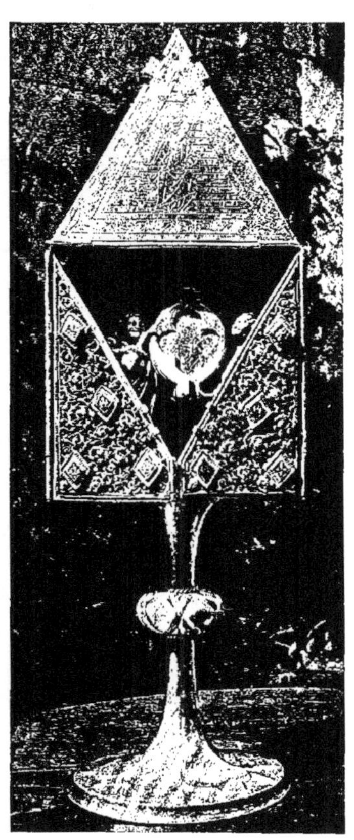

Fig. 51. — Reliquaire en vermeil, à ouverture triangulaire. Décor de filigrane (ancienne abbaye de Charroux. Vienne).

début du xve s. C'est une œuvre de grand style et d'un goût très affiné, tandis qu'une châsse de Nuremberg de même composition, représentant sainte Anne avec deux enfants, contraste, par des défauts de style et de goût, avec la Vierge de travail français. Une inscription attribue l'œuvre à l'orfèvre Hans Greiff et indique la date de l'exécution : 1472. Les figures, dont les chairs sont émaillées en couleur, sont en or et en argent repoussé.

Au xve siècle prévalait dans l'orfèvrerie l'emploi des formes

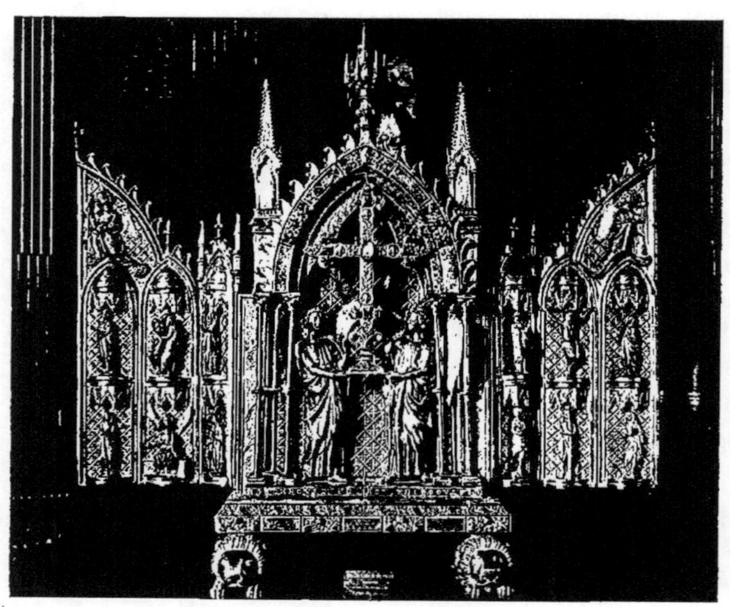

Fig. 52. — Triptyque en argent doré, orné de figures au repoussé, de motifs d'architecture et de filigrane, provenant de l'abbaye de Floresse (Musée du Louvre).

architectoniques et ces formes étaient très délicatement interprétées. On en trouve l'origine, dès le xive siècle, dans des ouvrages tels que l'ostensoir, en argent ciselé et repoussé enrichi de pierres fines, que conserve le trésor de Conques. La custode est entourée de six motifs d'épis, traités à jour dans des lobes s'arrêtant sur un cercle qu'enrichissent des pierres précieuses montées dans des chatons et, sur le cercle extérieur, se découpent en silhouette des bouquets de trois fleurs qui s'arrêtent sur le fût circulaire portant l'ostensoir. Au sommet est une croix à double branche, enrichie de pierreries.

Les ostensoirs conservés au Musée de Rouen ont un caractère architectural beaucoup plus accentué. Sur un pied de forme

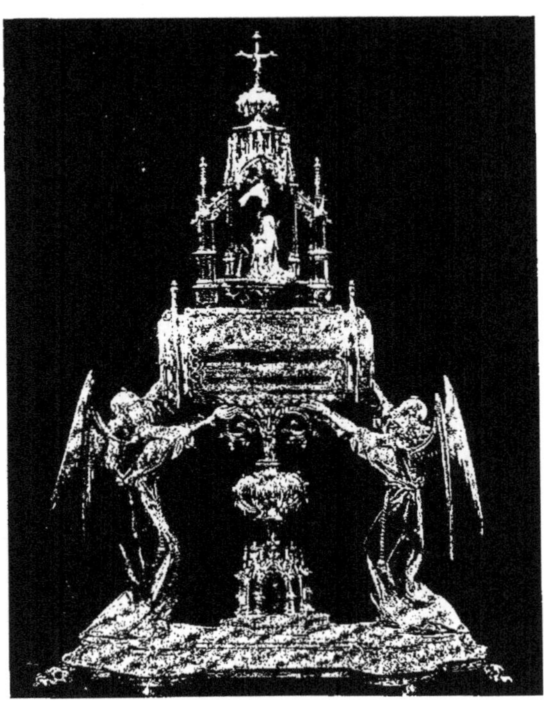

Fig. 53. — Reliquaire du voile de sainte Aldegonde
(Couvent des Dames Ursulines de Maubeuge).

hexagonale, s'élève le fût cylindrique en verre contenant la custode, sorte de tour que surmonte un édicule à deux étages, comparable à une flèche d'église ; sur les côtés et dans la hauteur du cylindre s'élèvent des contreforts amortis sur la plateforme qui couronne le pied. C'est une disposition assez fréquente dans l'orfèvrerie du xvᵉ siècle. Un reliquaire en argent doré, de même composition, est conservé dans l'église Sainte-Croix de Florence. Il est divisé en plusieurs étages et à chacun d'eux correspondent des balustrades en miniature.

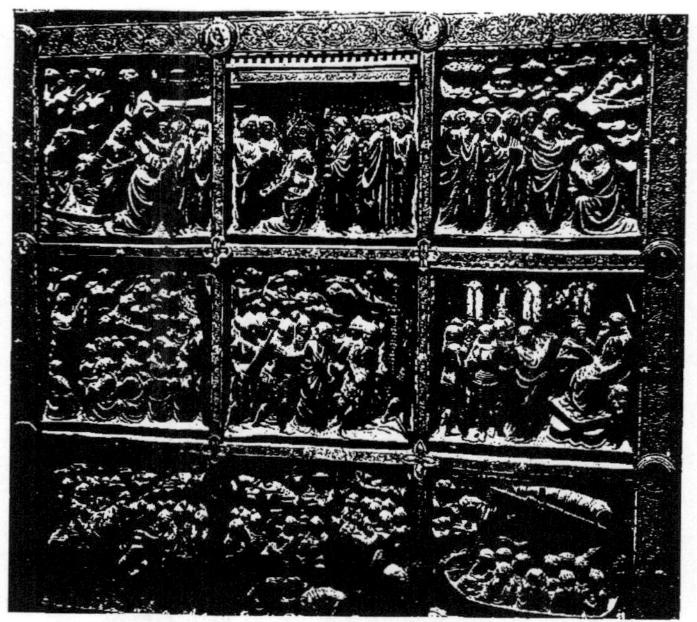

Fig. 54. — Autel en argent repoussé (Cathédrale de Pistoja).

D'ailleurs l'influence de l'architecture s'était exercée de diverse manières sur l'orfèvrerie.

C'est ainsi que les méthodes, employées pour le revêtement des portes à l'aide de panneaux de cuivre repoussé fixés sur le bois et assemblés par des pièces formant couvre-joints, s'étaient étendues aux métaux précieux. La cathédrale de Pistoja conserve encore, dans la chapelle de San Jacopo (fig. 54), un autel ainsi

décoré, dû à l'orfèvre Andrea di Jacopo d'Ognabene et qui est
composé, comme le revêtement des portes byzantines, d'une
série de panneaux en bas-reliefs fixés sur une membrure, sépa-

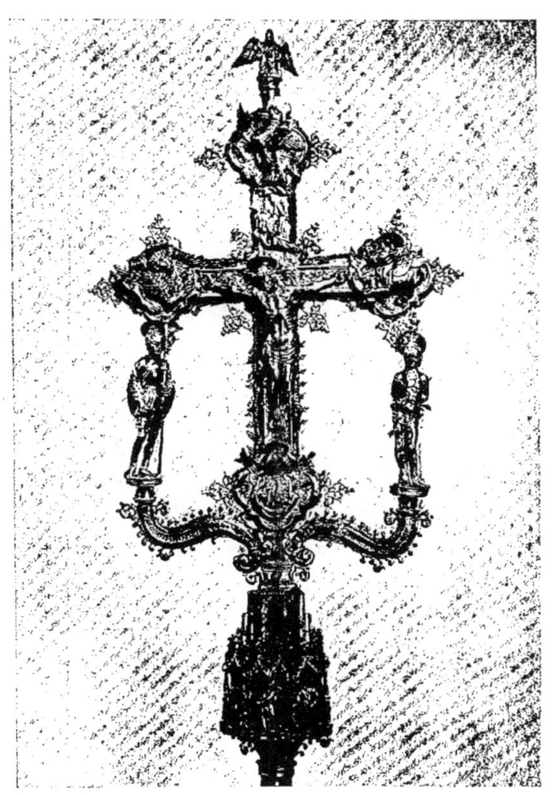

Fig. 55. — Croix de procession en argent
(Scuola di San Rocco, à Venise).

rés par d'étroits couvre-joints et encadrés par un large champ
orné de rinceaux à léger relief, tandis que les personnages des
sujets tirés de la Passion sont presque en ronde-bosse.

Une des pièces les plus curieuses est la célèbre croix que les habitants de Lucques se font gloire d'avoir enlevée à ceux de Pise. Le Christ apparaît au milieu de rinceaux fleuris et les bras de la croix se terminent par deux crosses soutenant des figures qui symbolisent les deux Lois ; au sommet sont les Prophètes ; au pied de la croix, la Vierge et saint Jean. Au-dessus du Christ est

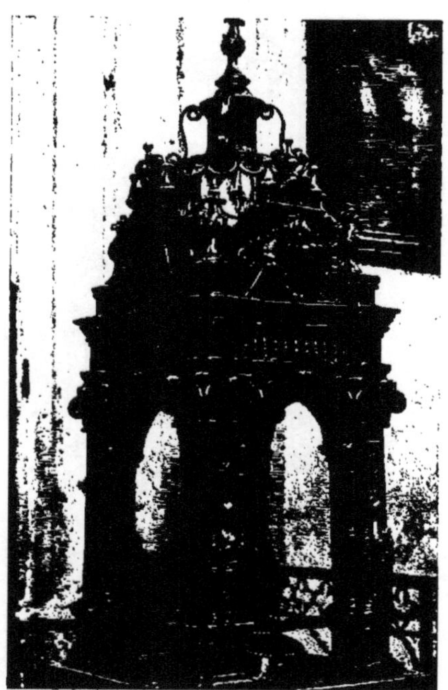

Fig. 56. — Reliquaire de François de Châteaubriant
(Église d'Evron. Mayenne).

le Pélican symbolique et l'ouvrage d'orfèvrerie se termine par une sorte d'édicule à jour, abritant le Père Éternel.

L'usage des croix processionnelles en argent ainsi composées s'était généralisé en Italie. Tantôt, à la base de la croix, les crossettes qui s'en détachent portent la Vierge et saint Jean, tantôt ce sont des saints locaux qui accompagnent le Christ en croix entouré des attributs des Évangélistes, comme on le voit à Venise sur une croix d'argent de la Scuola di San Rocco (fig. 55). Parfois même, la croix est enrichie de figures représentant des saints ou des docteurs de l'Église et, à défaut de perles fines, des perles de métal ornent les angles de la croix, terminés par des motifs de décoration trilobés (croix d'argent à Pietra Santa, province de Lucca).

Le caractère architectural de l'orfèvrerie allait s'accentuer encore au xvie siècle, avec le changement de style que la Renaissance apportait dans les formes ornementales.

VII

L'ORFÈVRERIE DU XVIe AU XVIIIe SIÈCLE
L'ORFÈVRERIE MODERNE

Outillage mécanique.

Le décor de l'orfèvrerie suivait, à la Renaissance, l'évolution du goût. Les châsses et les reliquaires devenaient des édicules à arcades ; celles-ci étaient prises dans une ordonnance à l'antique, formée de pilastres ou de colonnettes soutenant des petits frontons amortis sur un dôme à écailles ; celui-ci remplaçait la flèche dont le motif formait, au xve siècle, le couronnement d'objets analogues. (Reliquaire de François de Chateaubriant, à l'église d'Évron, fig. 56).

Mais ce n'était pas seulement l'esthétique qui changeait, c'était aussi la technique, car celle-ci doit s'adapter à la composition.

Ainsi l'exécution d'une tête ou d'un ornement très saillant, qui est une œuvre de virtuosité extraordinaire dans le métal repoussé, n'offre aucune difficulté par le procédé de la fonte, et en particulier de la fonte à cire perdue.

Au xiiie siècle, on avait exécuté au repoussé les fleurons et rosaces sur champ uni du célèbre ciboire en vermeil de la cathédrale de Sens, dont les formes simples, souples et continues, concordaient parfaitement avec cette technique.

Au xvie siècle, le pied d'un calice en vermeil, conservé dans le trésor de l'église de Saint-Jean-du-Doigt (fig. 57), est exécuté en métal fondu et ciselé. Sur une base très développée s'élève un piédouche enrichi de niches et de figures, sur lequel prend appui la coupe du calice. Un défaut de proportion s'accuse entre le pied élargi par un plateau à huit lobes et la coupe engoncée dans un support qui paraît trop large. La bague qui enveloppe le fût est un motif complet d'architecture, subdivisé par des consoles à têtes d'animaux qui supportent des colonnettes, entre lesquelles la surface cylindrique est évidée par des niches. Au-dessus de ces niches s'élèvent des petits frontons circulaires à coquilles, s'adossant à un dôme chargé d'écailles qui forme la transition entre le fût et la cuve. Celle-ci s'enchâsse dans un gobelet d'argent doré, formant doublure, dont la décoration, traitée à jour,

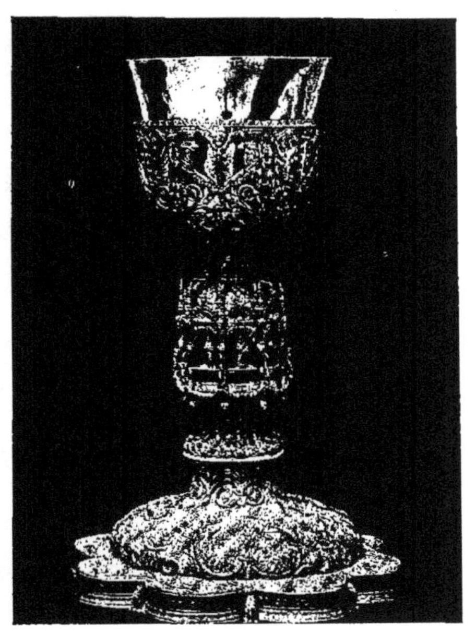

Fig. 57. — Calice en argent fondu, ciselé et doré (Eglise de Saint-Jean-du-Doigt. Finistère).

est faite de rinceaux de feuillages et de têtes d'anges.

L'œuvre est d'autant plus instructive que, comparée au ciboire de Sens, elle nous fait bien apprécier la distance qui sépare le luxe de l'art et nous montre aussi la nécessité des oppositions, sans lesquelles la richesse du décor, étant répartie uniformément, n'est pas bien mise en valeur.

La partie inférieure du pied paraît avoir été enrichie de rinceaux estampés et soudés.

L'estampage était en effet très employé à cette époque : dans l'exécution des croix de procession, qu'il importait de ne pas alourdir, on assemblait, en les clouant sur le bois, des bandes ornées de rinceaux et des motifs détachés.

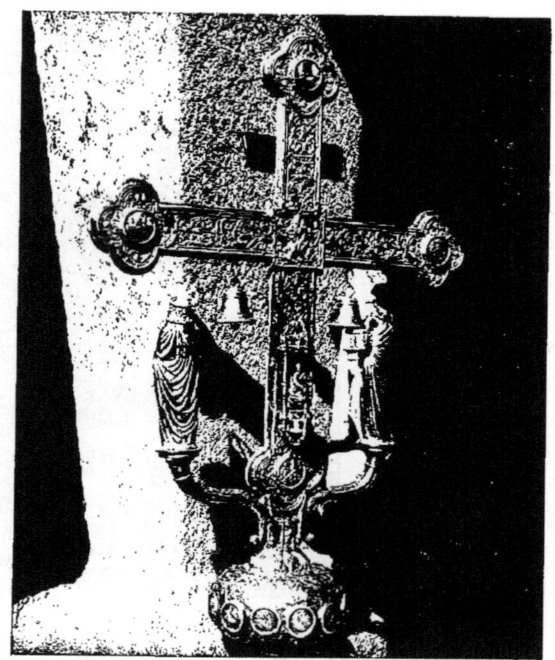

Fig. 58. — Croix de procession en bois revêtu d'argent doré
(Église de Saint-Jean-du-Doigt, Finistère).

C'est ainsi qu'a été exécutée la croix processionnelle (fig. 58) qui fait partie du même trésor et qui est une œuvre mieux composée que la précédente : chacun des éléments des bras de la croix, aussi bien les ornements des quatre feuilles que les rinceaux, est exécuté dans une feuille de métal estampé, que de petits clous à tête arrondie, pris dans une moulure d'angle, attachent à un noyau de bois. Les consoles, en forme de cornes d'abondance, qui supportent les statuettes de la Vierge et de saint Jean, semblent, comme le Christ lui-même, être des pièces fondues isolément, bien que, sur les consoles, les feuilles soient estampées et soudées et que les figures de saint Jean et de la Vierge soient exécutées au repoussé. De petits bas-reliefs d'un très joli travail occupent le centre des quatrefeuilles. Des sonnettes sont appendues à la branche horizontale de la croix. Une bague relie la croix au fût cylindrique qui lui sert de support. Ce sont les Évangélistes qui sont figurés entre des têtes d'anges dans les médaillons des quatrefeuilles.

Il semble bien que l'emploi de la fonte et de l'estampage ait contribué à une certaine surcharge d'ornements, que le procédé du martelage et de la ciselure au repoussé eût probablement simplifiés.

Le cuivre était travaillé comme les métaux précieux ; on peut s'en assurer en étudiant le reliquaire en cuivre ciselé et doré qui est conservé dans la cathédrale de Reims et qui représente, sur un soubassement à muraille crénelée, le Christ sortant du tombeau et les soldats endormis. Des pierres fines, montées dans des chatons, ornent le pied de ce reliquaire, donné par Henri II à la cathédrale et dont les supports sont des lions en métal fondu.

L'application des procédés de l'estampage, qui allait se généraliser au xvııe siècle, tendait à constituer les ouvrages d'orfèvrerie par assemblage de pièces exécutées séparément et soudées. C'est la méthode qui paraît avoir été employée pour l'exécution d'une sorte de gobelet en vermeil, œuvre allemande de la fin du xvıe siècle (Musée du Louvre). Il semble que l'orfèvre ait cherché à reproduire une pomme de pin, qui paraît d'ailleurs hors d'échelle avec les feuilles et la tige de support.

L'œuvre est plus riche par le choix de la matière que par la composition et le goût des ornements.

C'est encore par l'exubérance de l'ornementation que se distingue une grande aiguière en vermeil de la fin du xvie siècle, ornée de bas-reliefs et de trophées disposés par zones et rappelant la campagne de Charles Quint contre Tunis. Elle provient d'Anvers (Musée du Louvre).

Depuis le pied jusqu'au sommet du vase, dont le bec est orné d'une tête de femme et dont l'anse est constituée par des serpents enlacés, les ornements sont exécutés, mi-partie en ronde-bosse et rapportés, mi-partie dans la feuille de métal martelée.

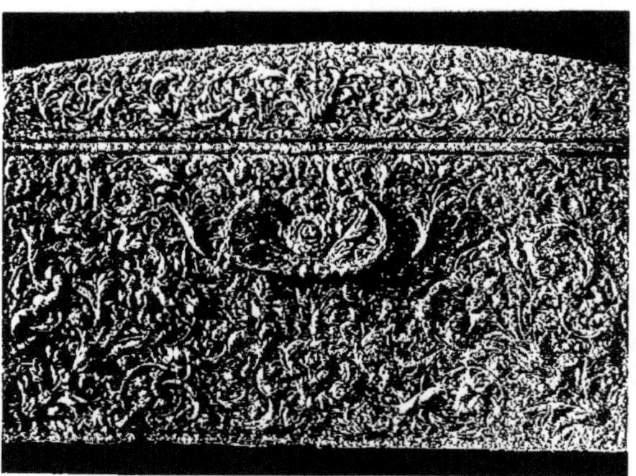

Fig. 59. — Coffret en or à fleurs soudées sur un fond, ayant appartenu à Anne d'Autriche (Musée du Louvre).

Un coffret en or, ayant appartenu à Anne d'Autriche (fig. 59), est complètement enveloppé de rinceaux de feuillages d'où émergent à peine des fleurs de dahlia. Ces rinceaux paraissent être aussi des pièces de rapport exécutées séparément et soudées sur le fond du coffret. Il semble qu'à cette époque on ait un peu perdu les traditions de l'orfèvrerie française, notamment pour l'exécution de la ciselure au repoussé. On peut citer comme à peu près contemporains certains ouvrages d'orfèvrerie hébraïque, associant sans goût la figure et les animaux à des rinceaux d'un style très conventionnel.

Si l'orfèvrerie du xviie siècle n'est guère parvenue jusqu'à nous,
c'est que, sur la fin du règne de Louis XIV, au moment où la
guerre avait épuisé le trésor de la France, les seigneurs, à
l'exemple du roi, durent envoyer à la fonte, pour se créer des
ressources, les pièces d'orfèvrerie de luxe. C'est dans les trésors
des cours étrangères qu'on trouvait, jusqu'à ces derniers temps,

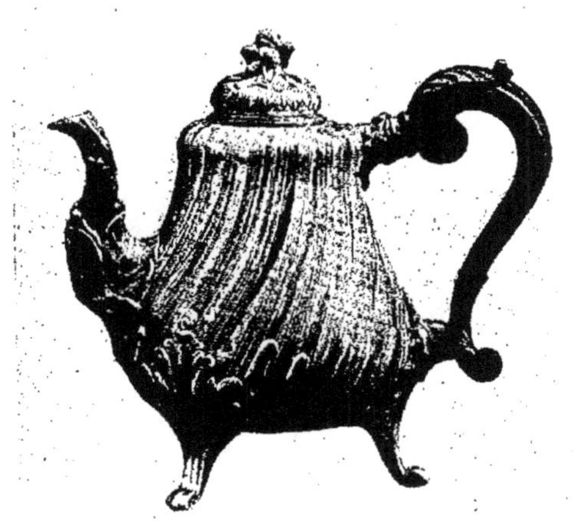

Fig. 60. — Théière en argent, par Germain. (Ancien trésor
de la Couronne de Portugal).

de ces pièces d'argenterie, martelée et décorée par la gravure, qui
firent la renommée des orfèvres français (fig. 60 et 61). Parmi
eux, il faut citer surtout Pierre Germain, ciseleur et orfèvre de
Louis XIV (1645-1684), son fils Thomas Germain, architecte,
sculpteur et orfèvre (1673-1748), et Meissonier (1695-1750),
orfèvre de Louis XV (fig. 62). L'importance qu'avait prise à la
fin du xviiie siècle la ciselure dans les bronzes des meubles eut
une influence sur l'orfèvrerie qui, sous Louis XVI et Napoléon Ier,
s'écartait de sa technique particulière et traditionnelle dans l'exé-

cution de pièces très délicates où la fonte et la ciselure jouent le rôle principal (fig. 63).

Si les méthodes de martelage de l'or et de l'argent n'ont jamais été complètement abandonnées en France, les ouvrages exécutés au xix⁰ siècle témoignent d'une aussi grande pauvreté d'invention dans les formes, imitées de styles anciens, que dans

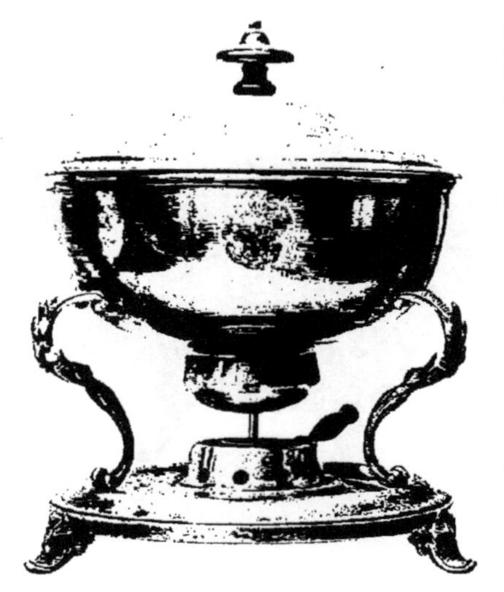

Fig. 61. — Réchaud à œufs en argent (Collection de Brézinski).

le décor banal de rocailles en relief ou la monotone gravure par guillochage.

L'orfèvrerie religieuse reprit son essor lorsque, sous l'influence de Lassus et de Viollet-le-Duc, on recommença à apprécier les chefs-d'œuvre du moyen âge ; mais des compositions, comme celle de la châsse de sainte Radegonde de Poitiers par Lassus, sont trop imprégnées d'archéologie et leur principal mérite fut d'inciter les orfèvres à reprendre une technique qui tombait dans

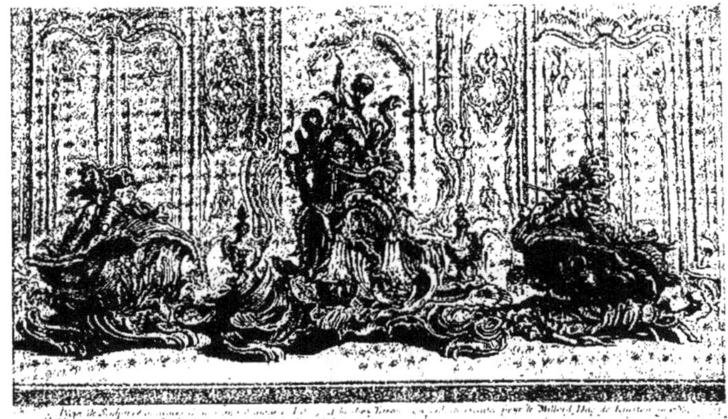

Fig. 62. — Surtout de table. Dessin de Meissonier.

l'oubli. C'est seulement depuis un demi-siècle qu'on s'est appliqué à refaire en orfèvrerie des œuvres ayant le caractère de leur temps et comparables, dans une certaine mesure, aux œuvres anciennes. Une des plus importantes est l'ostensoir portatif, d'argent et d'or, enrichi de diamants et de perles fines, qui est

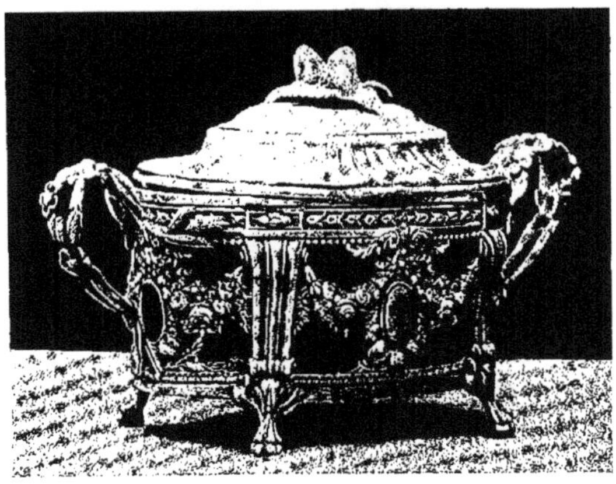

Fig. 63. — Salière en argent fondu et ciselé.

exposé sous le ciborium du maître-autel de la basilique de Montmartre. La nécessité de réduire le poids de l'ostensoir, tout en
l'entourant d'un cadre fixe qui fût à l'échelle du monument, a
donné lieu, pour l'ouverture de la monstrance, à une combinai-
son ingénieuse (fig. 64). L'œuvre est tout à fait digne des belles
œuvres d'orfèvrerie et de joaillerie du moyen âge.

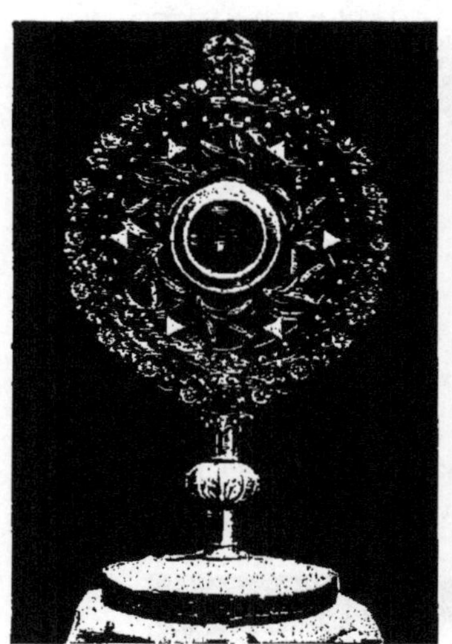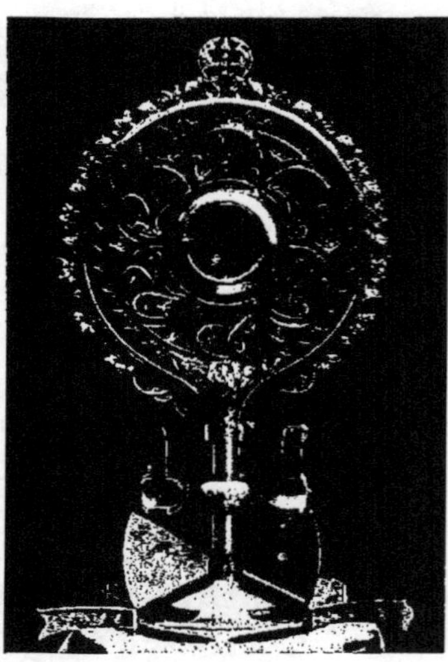

Fig. 64. — Ostensoir, avec monstrance portative, de la Basilique de Montmartre. Or et
argent, perles et diamants. Composition de L. Magne, exécution de Poussielgue et de
Mellerio.

A l'Exposition universelle de 1900 étaient exposés, soit dans la
section française, soit dans les sections étrangères, des ouvrages
d'orfèvrerie tendant au renouvellement des formes décoratives
par des adaptations de la flore. On s'est préoccupé, avec juste raison, des formes et surtout des silhouettes des vases et des plats
en s'efforçant de garder partout, comme il convient pour le travail du martelage, le fond du métal apparent. Le procédé de la
ciselure au repoussé facilitait la naissance, sur la panse ou le

pied d'un vase, de tiges ou de feuilles doucement amorties sur la forme, tandis qu'il était possible, au raccord de la panse avec le col, d'obtenir des saillies accompagnant la silhouette et donnant, par opposition, des effets de coloration qui permissent la mise en valeur du métal précieux.

Les découvertes successives des trésors d'orfèvrerie antique et, en dernier lieu, du trésor de Bosco Reale ont remis en honneur ces procédés de travail qui sont essentiellement des procédés d'orfèvrerie et dont certaines pièces, telles que la coupe à olives, montraient la perfection.

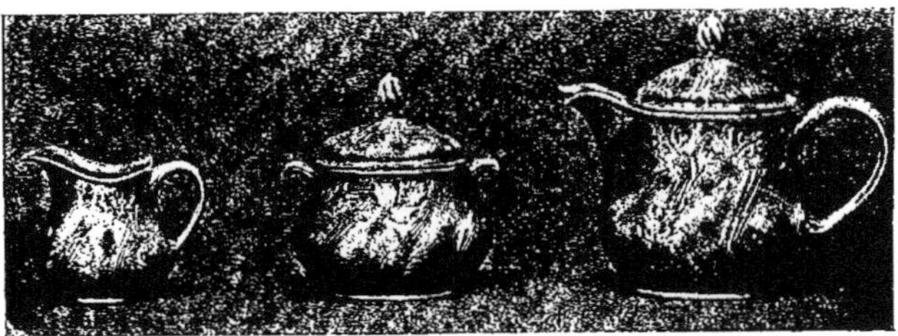

Fig. 65. — Pièces d'un service à thé, à décor estampé et ciselé, par Christofle.

Les essais faits hors de France, notamment dans les pays du Nord, pour l'utilisation de la plante, de la fleur ou du fruit comme thème de décoration, ont été poussés jusqu'à l'interprétation directe de la nature, donnant, par exemple, à un sucrier la forme d'un artichaut. C'est là une erreur que nos orfèvres n'ont pas commise, sachant fort bien que, si la nature bien observée peut et doit fournir les éléments du décor, elle ne peut, sauf en des cas très rares, donner exactement la forme qu'exige la destination de l'objet. C'est dire que, dans la création artistique, la personnalité de l'artiste doit intervenir pour réaliser l'accord entre la destination et la forme et que le trésor de la nature, si riche qu'on le suppose, ne peut remplacer l'intelligence humaine.

Les ouvrages d'orfèvrerie, exposés en 1900 par la maison Christôle, se recommandaient d'une recherche particulière dans l'adaptation du décor floral au travail d'orfèvrerie. Sur un service à thé, c'était le céleri qui fournissait les éléments du décor et la ciselure au repoussé mettait en valeur le dessin et le modelé gras des feuilles (fig. 65).

Un autre orfèvre, M. Cardeilhac, exposait aussi un service à thé et une chocolatière à décor de chardons donnant une interprétation très délicate de la plante.

L'émail intervenait même dans certaines œuvres pour enrichir la surface, par exemple sur un petit vase dû à M. Feuillâtre et inspiré de la graine de pavot.

Ce qui est peut-être encore critiquable, c'est le défaut d'appropriation de certaines plantes à la destination des objets qu'elles décorent. Il n'y a pas d'inconvénient à ce que le céleri, dont la feuille et la tige fournissent de beaux éléments de dessin, serve à décorer un service à thé, si l'artiste a su tirer de la plante de beaux éléments de décor s'harmonisant avec la forme. Mais, convient-il, pour une jardinière formant surtout de table, de choisir comme thème des légumes? Cela est plus discutable. Les pivoines fournissaient un décor plus riche à une autre jardinière (fig. 66).

D'ailleurs, avec le recul de quelques années, il nous paraît que, dans leur ardeur admirable à se libérer des pastiches et à chercher eux-mêmes leur inspiration dans l'étude de la nature, les artistes de la fin du siècle dernier allèrent trop loin dans l'imitation directe des éléments qu'elle fournissait.

Mais ces questions de décor sont relativement secondaires : ce qui est essentiel, c'est que le programme de l'œuvre détermine les grandes lignes de la composition. Par exemple, les formes d'un vase à fleurs ne sont pas données à l'arbitraire. Il faut que le vase soit assez allongé pour que les tiges des fleurs y trouvent place, que le col ne soit pas trop évasé afin d'éviter la dispersion des fleurs formant bouquet, que le pied soit assez

large pour bien assurer la stabilité du vase ; la forme, si elle
est bien étudiée, devra donner satisfaction à ces conditions particulières. Elles étaient bien remplies par plusieurs vases exposés
en 1900 par la maison Christofle.

Naturellement, la composition d'un vase changera complètement s'il est destiné à verser un liquide et l'on ne saurait croire
combien est complexe la composition d'un objet usuel comme
une théière : il faut chercher une forme qui donne une surface
inférieure maximum pour ébouillanter les feuilles de thé et une
surface extérieure minimum contre le refroidissement rapide : la
disposition du bec, la disposition de l'anse, l'ouverture supérieure

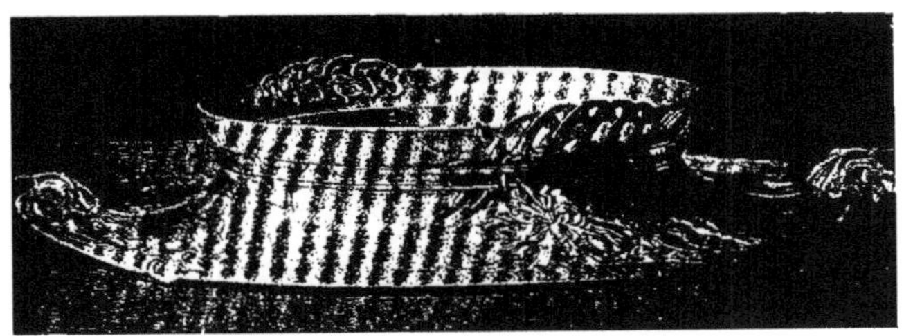

Fig. 66. — Jardinière décorée de pivoines (orfèvrerie Christofle).

doivent être aussi bien calculées pour le cas où la théière est
portée d'aplomb et où on l'incline pour verser le liquide.

S'il s'agit d'une coupe plate destinée à porter des fruits, on
tendra à réduire et à ajourer le relief de la coupe pour jouir de
la vue de ce qu'elle contient et, pour en assurer la stabilité, on
réduira la hauteur du pied en augmentant sa surface d'appui.

Des plateaux d'argent de forme ronde ou ovale laisseront le
fond du plat en métal nu, tandis que le décor se localisera sur les
bords ou sur les anses, le fond pouvant être enrichi d'une ornementation gravée. Ainsi chacun des programmes applicables à
l'orfèvrerie déterminera, non pas le thème décoratif, mais la
forme générale à donner suivant la destination de chaque objet.

Sur les plats en argent exposés en 1900 par la maison Christofle, la décoration était, presque toujours, limitée aux bords enrichissant les contours du plat sur lesquels se développaient, ici des feuilles d'eucalyptus, là des fleurs de pavot enserrées dans des lignes d'appui. Le plus souvent, le fond du plat, défoncé par martelage du métal, était logiquement dépourvu d'ornements. Sur l'un d'eux, un léger décor de gravure occupait le fond.

Si le plat est ovale, il comporte, dans le sens de la longueur, des développements en forme de poignées dont la décoration est traitée par ajour. Il semble que, pour les surtouts et les jardinières, on préfère actuellement la forme de coupe à peine élevée au-dessus de la table, à pied très développé et surmontée d'une galerie de métal ajouré, tantôt fondu et ciselé, tantôt travaillé au repoussé.

L'OUTILLAGE MÉCANIQUE

Les essais d'orfèvrerie moderne, faits à la fin du siècle dernier, présentaient déjà un large emploi de l'outillage mécanique pour la pratique nouvelle des anciens procédés de travail.

C'est ainsi que des œuvres délicates comme un service à thé de la maison Christofle, à décor de céleri, étaient réalisées par le procédé de l'estampage, chaque récipient, théière, sucrier, pot à lait, étant exécuté en deux pièces, réunies ensuite par la soudure pratiquée le long d'une des tiges montant en hélice autour de la panse.

L'estampage, obtenu par le mouton ou le balancier, est pratiqué de manière différente selon le programme qu'il doit satisfaire.

S'il s'agit de l'estampage en feuille mince, tel qu'on l'a pratiqué jadis dans l'orfèvrerie, et qu'on appelle aujourd'hui l'estampage « en coquille », on prend dans la matrice une empreinte avec un métal mou comme le plomb, afin qu'au moment de la frappe, la feuille prise entre le poinçon en plomb et la matrice ne risque pas d'être déchirée.

Une deuxième sorte d'estampage est le « demi-plein », qu'on pratique, par exemple, pour des boutons de vêtement qui doivent avoir une certaine résistance sous le choc. Dans ce cas, on emploie pour poinçon une forme approchée de la matrice au

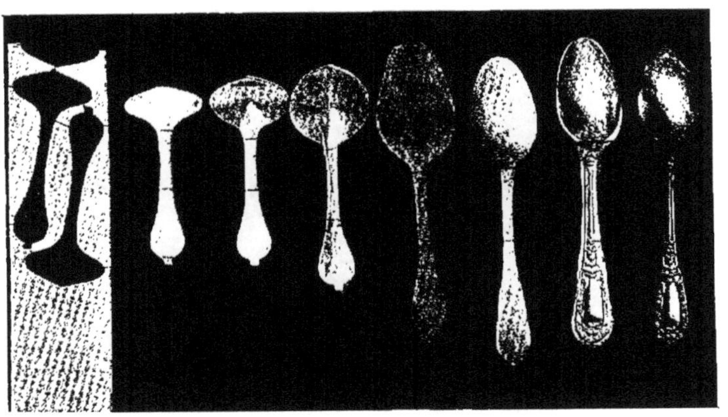

Fig. 67. — Phases de l'estampage d'un couvert, par Soufflot (Musée du Conservatoire national des Arts et Métiers).

moyen d'une empreinte qu'on gratte pour ne garder que la masse. L'estampage « en plein » est le propre des pièces résistantes, comme les couverts.

Dans les opérations de découpage et de frappes successives d'une cuiller, il faut prévoir, dès le début, le développement et la force du métal dans toutes les parties : le manche devra se cambrer et garder jusqu'au bout son épaisseur de résistance, tandis que le culeron et la spatule pourront être beaucoup plus minces mais devront, en revanche, être considérablement élargis pour leur utilisation. Économiser la matière et en avoir cependant suffisamment dès le début pour ne pas en manquer à la fin est tout l'art de celui qui combine les matrices et les poinçons (fig. 67).

On est même parvenu récemment, en utilisant les presses modernes à excentrique, à réaliser en une ou deux passes toute l'opération pour des couverts ordinaires, grâce à l'adaptation parfaite de la forme et des épaisseurs au développement de la barre de métal.

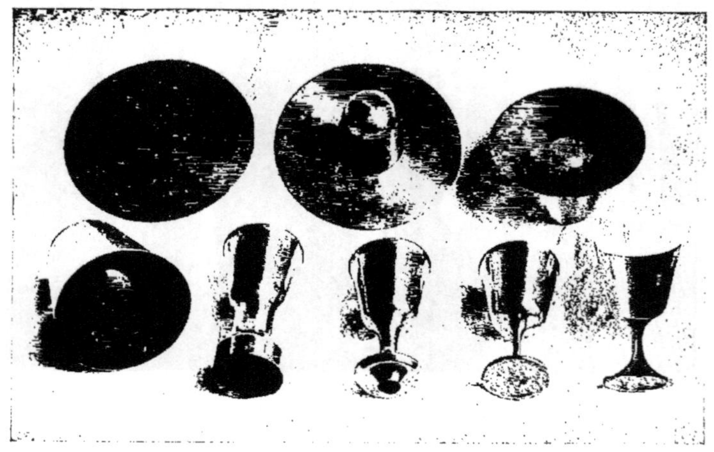

Fig. 68. — Phases de l'emboutissage au tour d'une coupe à pied, par Sollier
(Musée du Conservatoire national des Arts et Métiers).

Un autre procédé convient parfaitement à la fabrication des couverts, dont les deux faces doivent présenter un égal degré de finesse : c'est le passage des plaques de métal découpé dans des laminoirs qui laissent le métal sous pression s'écouler plus régulièrement que ne le permettent les machines frappant brutalement le métal ; l'inconvénient des laminoirs est dans les opérations successives qu'il faut faire ensuite subir à la pièce pour obtenir le cambrage du manche et la forme définitive de la spatule.

L'emboutissage, à la presse si la forme est ouverte, ou au tour horizontal avec mandrin à clefs si la forme est fermée, est le procédé normal du travail actuel des coupes, des vases, des divers récipients entrant dans la composition des services d'orfèvrerie (fig. 68). Il s'applique à l'exécution des chatons qui enchâssent les pierres.

Cette méthode conduit à une recherche de forme logique et harmonieuse qui doit être la principale préoccupation de l'artiste. Il est intéressant, au point de vue de l'économie qui est un

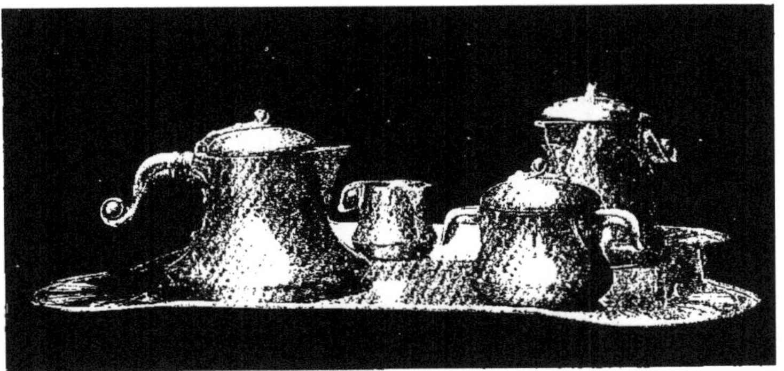

Fig. 69. — Service d'orfèvrerie usuelle en nickel embouti, anses fondues.
Modèle de H.-M. Magne. Exécution de la Société française des métaux ouvrés.

des facteurs indispensables du succès de la fabrication moderne, de chercher à réduire le nombre des types des éléments emboutis ou fondus entrant dans la composition des pièces d'un service (service en nickel embouti, anses fondues, fig. 69).

Un décor peut d'ailleurs être obtenu par estampage, si la pièce est de dépouille, ou par refoulement de l'eau sous pression dans la pièce, pour pousser le métal dans les ornements gravés en creux dans la matrice.

Ces procédés modernes ont modifié profondément l'art de l'orfèvrerie usuelle, qui ne réside plus dans l'exécution même, mais dans la préparation de l'exécution.

Le modèle doit être étudié avec un soin particulier en vue de l'alliance de l'effet esthétique avec la possibilité de réalisation technique.

D'autre part, l'art manuel du graveur sur acier joue le rôle principal dans la ciselure des matrices et des poinçons. Si la matrice est une œuvre d'art ayant toutes les qualités de finesse et de mordant voulues pour que l'empreinte vienne bien, le fait que cette matrice d'acier a une résistance suffisante pour permettre de tirer un nombre considérable d'épreuves ne saurait diminuer la valeur artistique de l'objet; en revanche, la diffusion du goût ne peut que gagner à ce que la valeur vénale en soit diminuée d'autant.

GRAVURE SUR ACIER

L'outillage du graveur sur acier se compose du boulet, des burins sans manche frappés au marteau, des échoppes, des rifloirs, du trusquin pour le traçage; il comporte en outre les outils de ciselure, les ciselets qui comprennent les mates, outils avec lesquels le graveur donne la couleur et qu'il fabrique lui-même, selon les besoins, à la pointe, à la lime ou au grès; il y a encore les traçoirs, les perloirs, les frisoirs (stries en losange).

Il y a plusieurs manières d'exécuter la gravure sur acier.

Les « poinçons à balancier » sont destinés à fabriquer mécaniquement la matrice : c'est alors le poinçon que grave l'artisan ; une fois fini, le poinçon est durci par la trempe tandis que la matrice est amenée au tendre; avec le balancier, on frappe le poinçon dans la matrice qui en prend l'empreinte ; pour ne pas fatiguer le poinçon, on donne des frappes successives, on ébauche dans la matrice les parties principales au burin.

Le « travail en creux », ou gravure directe de la matrice, est pratiqué pour les couverts qui comportent des filets ; les ornements .sont frappés à leur place à l'aide de petits poinçons à main.

On peut enfin combiner les deux genres de travail pour des objets tels que les manches de couteaux, dont les extrémités comportent souvent des ornements qui ne sont reliés que par des filets ; on fait alors les extrémités avec le poinçon à balancier et on les relie directement par le travail en creux.

Le travail mécanique se développe d'ailleurs chaque jour davantage : c'est ainsi que les assemblages à ourlets, tels qu'ils

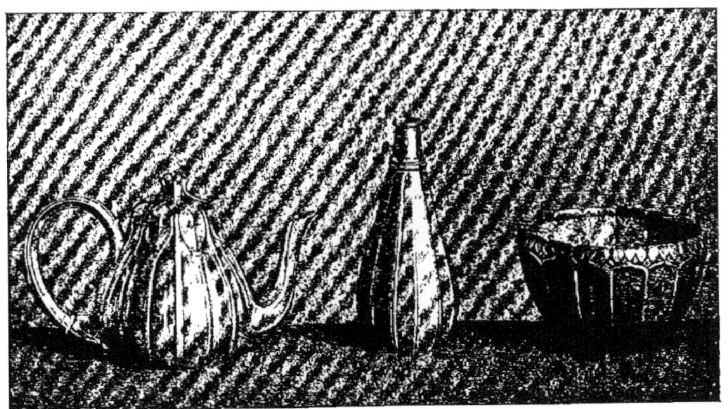

Fig. 70. — Théière en vermeil, de Becker, éditée par Hébrard. Vases en argent de Monod-Herzen (Musée des Arts décoratifs).

furent pratiqués dès l'antiquité mycénienne, sont actuellement réalisés par des machines à plier munies de mordaches horizontales et de joues plieuses qui rabattent les feuilles, et par les machines à border dont les molettes font, tandis que la pièce tourne, le travail qu'on faisait autrefois autour d'un fil métallique. On se sert aussi dans ce but de machines à agrafer et de machines à sertir.

Dans le même esprit, les pieds verticaux des coupes ne se font plus aujourd'hui au moyen de tubes soudés, mais au moyen de tubes étirés.

L'exécution des procédés de décor de surface eux-mêmes utilise les découvertes scientifiques et industrielles : c'est ainsi que le travail de l'incrustation du métal est souvent remplacé aujourd'hui par la galvanoplastie, qui permet d'obtenir des dépôts d'or dans les creux du métal, au lieu d'insérer dans des entailles et d'y assujettir par le martelage les fils du métal précieux.

Il n'est pas jusqu'au polissage, opération comprenant l'emploi des outils trancheurs en acier et des outils lisseurs en agathe, puis de la toile d'émeri et de la peau de chamois avec le tripoli ou le blanc de Meudon, qui ne comporte actuellement son outillage spécial de meules mécaniques.

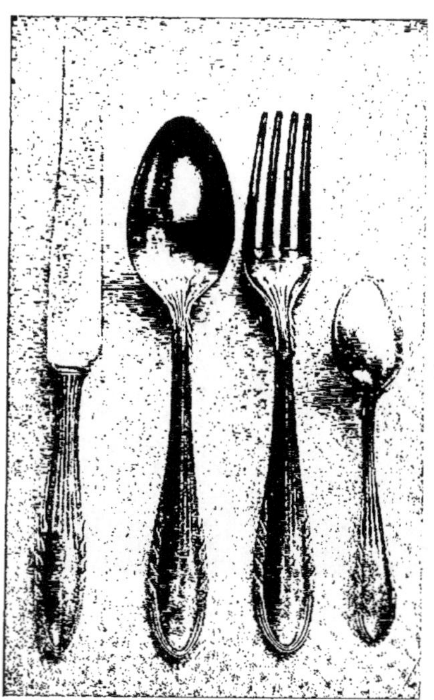

Fig. 71. — Couvert de Gallerey.

Le développement du machinisme ne saurait d'ailleurs nuire aux ouvrages uniques pour lesquels les procédés anciens doivent rester en honneur ; mais il crée des débouchés nouveaux en facilitant la réalisation économique, en grande série, de pièces artistiques qui pourront pénétrer dans tous les milieux.

Il n'a pas donné encore tout ce qu'on peut en attendre, parce que trop peu d'artistes ont des connaissances techniques suffisantes pour composer des modèles qui s'y adaptent.

C'est pourquoi, si l'art de l'orfèvrerie manuelle a, pour les
pièces martelées et ciselées au repoussé (fig. 70), bénéficié de
l'effort qui, depuis un demi-siècle, s'est manifesté dans tous les
métiers pour sortir des pastiches de formes anciennes, les objets
fabriqués industriellement n'ont pas toujours les mêmes qualités : nos orfèvres continuent à fabriquer presque exclusivement
des couverts « de style » et on doit dire, à leur excuse comme à
celle du public, qu'il n'y a guère eu de modèles nouveaux présentant les qualités de simplicité et de goût nécessaires à des
objets usuels. Aussi ne saurait-on décerner trop d'éloges aux
artistes qui, comme Dubret ou Gallerey (fig. 71), ont établi des
modèles nouveaux, offrant des qualités égales de sobriété et de
modernisme.

L'esprit technique, qui règne actuellement à tous les degrés de
l'enseignement, a donné récemment, à cet égard, une orientation
nouvelle et les résultats obtenus permettent de bien augurer de
l'avenir de l'orfèvrerie (timbales en argent embouties au tour et
gravées, fig. 72).

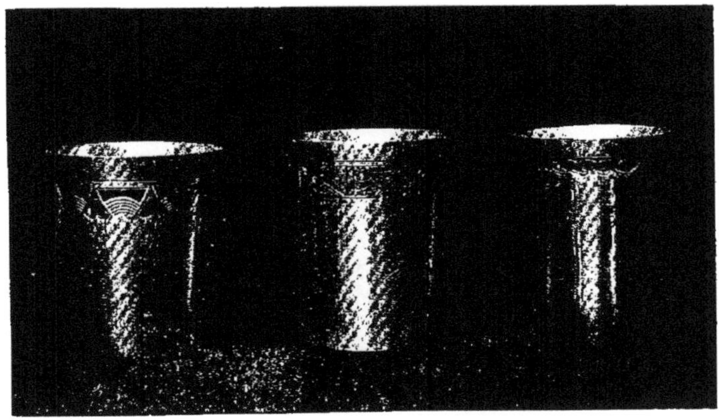

Fig. 72. — Timbales en argent gravées à l'acide et au burin. Compositions de Mlles Cou-
ron, A. Richon et Cantagrel. Exécution de René Mercier (Musée du Conservatoire
national des Arts et Métiers).

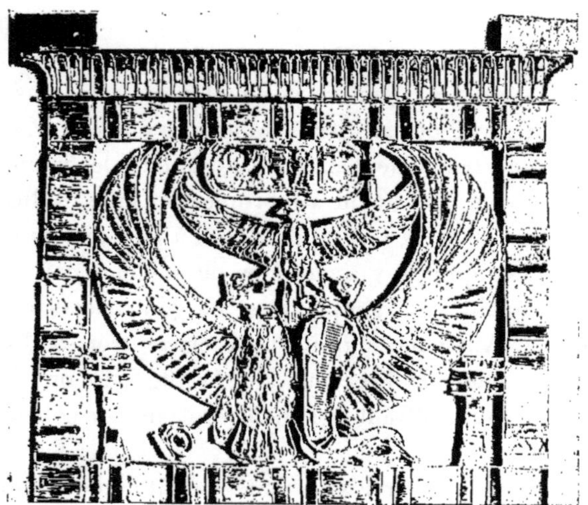

Fig. 73. — Pectoral égyptien à cloisons d'or enchâssant des émaux
taillés et fixés au ciment (Musée du Louvre).

VIII

L'ÉMAILLAGE DES MÉTAUX

Dès l'origine, on avait eu l'idée d'incruster le métal pour l'enrichir d'un décor de couleur.

L'émail, qui est un verre, a été connu, lui aussi, dès les premiers temps. L'une des premières manifestations artistiques a consisté, en effet, à façonner, en terre, des objets usuels, et à les cuire ; or il suffit que, dans la cuisson de l'argile, intervienne de la potasse — et les cendres de bois en fournissent — pour qu'il y ait vitrification partielle.

Aussi a-t-on employé, en Égypte, les émaux comme des

pierres précieuses, posées sur ciment entre des cloisons d'or, pour constituer de précieux bijoux.

Il n'y a pas de doute sur la technique des bijoux d'époque thébaine conservés au Louvre : un pectoral (fig. 73) est décoré

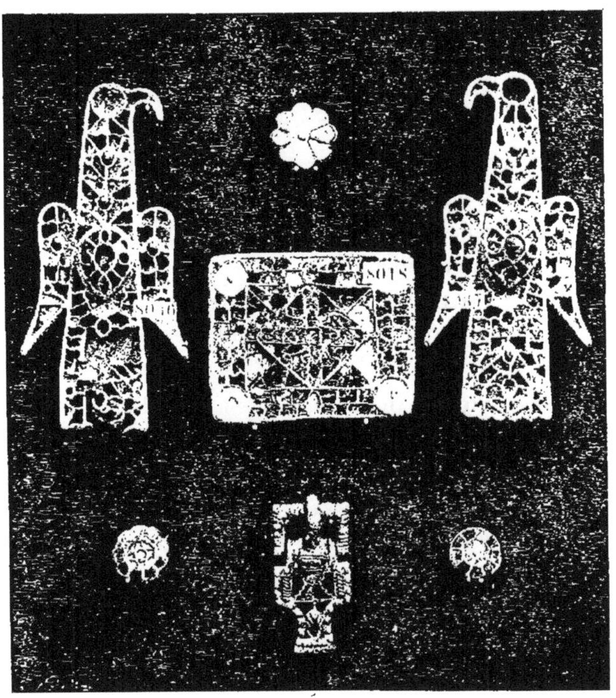

Fig. 74. — Bijoux mérovingiens trouvés à Nîmes et à Valence d'Agen. Bronze cloisonné et pâtes vitreuses (Musée de Cluny).

de trois émaux différents dans une même cloison d'or ; deux des émaux sont tombés, le troisième est resté et l'on aperçoit nettement les joints entre eux : c'est la preuve que ces petites pièces étaient taillées, puis insérées dans un ciment, et non coulées dans les cloisons. Il n'y a pas là, à proprement parler, émaillage.

L'emploi de cette technique s'est poursuivi dans l'art mycénien, puis dans l'art grec chrétien de Byzance et dans les civilisations occidentales, jusqu'à la fin de l'Empire de Charlemagne (fig. 74).

Ce n'est que vers le xe siècle qu'on a commencé à employer l'émail translucide, fondu dans les cloisons.

La translucidité de l'émail ou son opacité a une grande importance au point de vue décoratif, en raison des effets différents que l'une ou l'autre permet d'obtenir.

Les émaux translucides sont comme des verres transparents. Le métal qui sert de support transparaît à travers la couleur des émaux et leur donne un éclat particulier ; il joue donc un rôle égal à celui de l'émail lui-même.

Au contraire, le métal disparaît sous les émaux opaques, ne compte plus dans l'effet cherché et peut être indifféremment de l'or ou du cuivre.

L'émail translucide incolore, qu'en émaillerie on appelle « fondant », est généralement un verre très fusible. Une des meilleures formules dont on se soit servi pour la composition de l'émail translucide incolore est un mélange dans lequel le sable entre pour 3, le minium pour 6 et le borax pour 1. Le verre ainsi obtenu est beaucoup plus fusible qu'un verre à base de sable et de potasse.

Pour colorer cet émail, on se sert d'oxydes métalliques : cobalt, chrome, manganèse, etc.

C'est toujours la présence de l'acide stannique qui donne l'opacité des émaux, le blanc opaque. On emploie cet acide sous forme de calcine, obtenue en oxydant dans un courant d'air un alliage de 100 de plomb pour 15 d'étain.

On fait entrer cette calcine dans la composition du verre, dont la formule est alors la suivante : 3 de sable, 7 de calcine et 1 de borax.

On peut colorer l'émail opaque de la même manière que le translucide.

Une question non moins importante est celle de la relativité des dilatations de l'émail et du métal, et par conséquent de leurs retraits.

Les opérations de l'émaillage se faisant à chaud, il est indispensable que les émaux soient en rapport avec les métaux pour qu'il n'y ait pas de fendillements au moment du refroidissement. Aussi est-il nécessaire de modifier les formules, suivant le métal employé. C'est ainsi que la formule précédente, qui convient pour l'or et l'argent, ne convient pas pour le cuivre ; on est alors obligé d'y ajouter du borax dans la proportion de un huitième du poids total d'émail.

Il y a enfin lieu de remarquer que, les oxydes métalliques du support risquant de réagir sur les oxydes métalliques employés dans les émaux, l'or est le meilleur support pour l'émaillage, à cause de son inaltérabilité.

Actuellement, les émaux sont fabriqués dans l'industrie et sont fournis sous la forme de pains, de galettes ou de baguettes aux émailleurs, qui, par un broyage dans des mortiers en agate, les réduisent en poudre excessivement fine. On peut employer cette poudre telle quelle ou la mouiller plus ou moins, suivant le système d'émaillage choisi.

Pour les objets usuels en fonte ou en tôle qui sont émaillés en plein, casseroles, poêles, tous objets qui ne sont pas toujours très décoratifs de nos jours, mais qui devraient l'être comme on savait le faire autrefois, on pratique souvent l'émaillage au poudré. La pièce, préalablement décapée, est chauffée au rouge cerise ; on la sort du four et, en la tenant inclinée, on jette sur elle, au moyen d'un tamis, l'émail en poudre qui fond instantanément ; il faut agir très vite parce que, si la pièce se refroidit, l'émail ne fond plus.

On emploie également pour les objets usuels l'émaillage au trempé. Ici, la poudre est mélangée avec de l'eau dans de fortes proportions pour obtenir une sorte de bouillie liquide dans laquelle l'objet est plongé ; le séchage se fait à l'étuve.

Lorsqu'on fait usage d'émail translucide pour le décor de ces objets, on met d'abord un émail blanc au poudré, puis, par-dessus, un émail translucide au trempé.

Pour le décor des objets délicats, l'émail est humecté légèrement, de façon à former une pâte assez liquide pour pouvoir être mise au pinceau, mais cependant assez résistante pour pouvoir être employée à la spatule.

La première opération est toujours le dégraissage des pièces qu'on fait bouillir dans de la potasse. Sans ce dégraissage, l'émail risquerait de ne pas prendre. Ensuite, on applique l'émail au pinceau ou à la spatule ; on le tasse à l'aide de cette dernière ; on l'éponge avec un linge pour enlever l'excédent d'humidité. On fait chauffer doucement la pièce, afin d'éliminer l'eau, puis on la fait passer au feu de moufle ; quand on voit l'émail briller, c'est qu'il est fondu ; on ramène alors la pièce à l'entrée du four pour obtenir un refroidissement lent.

On émaille souvent l'envers des pièces pour les empêcher de prendre une forme convexe au moment du refroidissement, par suite de la contraction du métal.

Il ne reste plus, alors, qu'à polir l'émail, opération qui se fait, généralement, à l'émeri en poudre avec une lame d'étain.

ÉMAIL CLOISONNÉ

Ces procédés ont été ceux employés pour tous les genres d'émaillages et tout d'abord pour le cloisonné, qui est le plus ancien.

L'orfèvrerie byzantine paraît avoir fait la première l'emploi de l'émail fondu dans les cloisons. La magnifique couverture d'Évangéliaire conservée au Louvre, qui comporte un motif central repoussé pris entre des bandes d'encadrement décorées de filigrane et de pierres précieuses, comporte, aux angles, quatre médaillons représentant les attributs des Évangélistes (fig. 75). Ils sont exécutés en émaux translucides, brillant de l'éclat de l'or qui constitue les cloisons et la capsule dans laquelle est pris l'émail cloisonné.

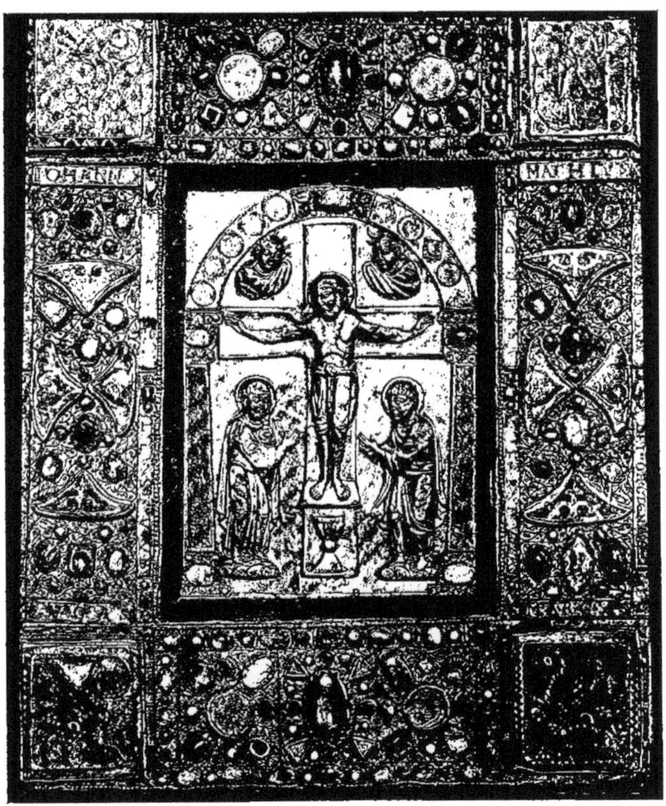

Fig. 75. — Couverture d'Évangéliaire, en or cloisonné enrichi d'émaux translucides figurant les symboles des Évangélistes, provenant de l'abbaye de Saint-Denis (Musée du Louvre).

Le cloisonné a été abandonné, en France, dès le xiiᵉ siècle, mais s'est maintenu en Extrême-Orient jusqu'à nos jours pour le décor des vases, des plats, par l'émail opaque.

On fait, à la plume, le traçage de l'ensemble de la décoration : on place les cloisons en les faisant tenir par un fondant

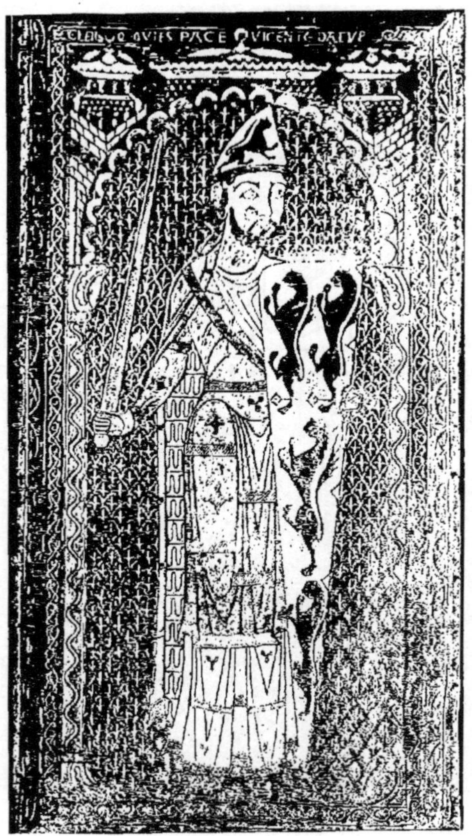

Fig. 76. — Plaque tombale en cuivre décoré d'émaux champlevés, représentant Geoffroy Plantagenet (Musée du Mans).

sur le fond du métal ; on insère à la spatule chacun des émaux dans les cloisons correspondantes. Mais ces émaux, en fondant.

coulent les uns sur les autres et recouvrent les cloisons. Le polissage enlève les excédents d'émail, localise les émaux à leur place et fait apparaître les fines cloisons.

ÉMAIL CHAMPLEVÉ

C'est du XIe au XIIe s. que fut réalisée une modification importante des procédés de l'émaillage ; elle résulta naturellement du système de la fusion qui remplaçait celui du sertissage. Si l'émail était fondu, la haute cloison qui correspondait à l'insertion du verre taillé devenait inutile. On eut donc l'idée de graver dans la feuille de métal les creux nécessaires à la localisation de l'émail, en réservant les cloisons.

C'est au burin qu'on gravait alors le métal, qui fut généralement le cuivre, en ayant soin de laisser dans le fond des stries pour que l'adhérence de l'émail fût meilleure.

Aujourd'hui la gravure à l'acide suffit à donner les irrégularités nécessaires.

Ce sont les émaux dits champlevés qui firent, du XIIe au XVe siècle, la réputation des émailleurs français de la région de Limoges et celle des émailleurs rhénans.

Les émaux employés étaient opaques.

Parmi les œuvres les plus remarquables, il faut citer le grand autel en émail champlevé, conservé au musée de Burgos et provenant de l'abbaye de Silos et la célèbre plaque de Geoffroy Plantagenet, au musée du Mans (fig. 76).

Ce système d'émaillage correspond exactement aux méthodes d'interprétation décorative des figures et des ornements qu'on pratiquait dans l'art français au moyen âge : les œuvres conservées dans toutes les collections, crosses, chandeliers, calices, châsses, coffrets, etc., sont souvent d'une perfection qu'on atteindrait à peine de nos jours. Généralement, les figures se détachent par leur relief sur la surface émaillée du fond.

Au XIVᵉ siècle, les artistes, dans leur évolution vers le naturalisme, commencèrent à trouver le champlevé insuffisant pour l'expression qu'ils voulurent donner aux figures, en raison des sertis dont le métal entourait les émaux et qui faisaient précisément la qualité décorative de ce procédé.

ÉMAIL DE BASSE TAILLE

Cette évolution du sentiment artistique fut le point de départ d'un procédé nouveau, l'émail de basse taille.

On en revint aux émaux translucides appliqués sur un fond de métal, qui fut gravé avec une grande finesse et même, quelquefois, repoussé.

Un des exemples les plus remarquables de ce travail, qui caractérise la fin du XIVᵉ et le XVᵉ siècle, est le piédestal de la statuette de Vierge donnée par Jeanne d'Évreux, qui se trouve dans la Galerie d'Apollon, au Louvre (fig. 77). Les fonds des petits bas-reliefs du soubassement sont d'un émail translucide bleu sur fond d'argent.

En revenant à la technique des émaux transparents, à travers lesquels le métal prenait toute sa valeur, les artistes eurent l'idée — idée que devait reprendre Boulle en peignant le bois en bleu ou en rouge sous l'écaille de ses marqueteries, suivant que la contre-partie était de l'argent ou du cuivre doré — d'harmoniser les couleurs de l'émail et du métal en se servant d'émaux bleus sur des dessous d'argent et d'émaux rouges sur des dessous d'or.

A la fin du XVᵉ siècle, la peinture décorative se perfectionnait dans un sens plus naturaliste et les émailleurs trouvèrent que l'émail de basse taille lui-même ne répondait pas à leur idéal.

A partir de ce moment, on a commencé à faire les émaux peints, c'est-à-dire véritablement une peinture en émail.

ÉMAUX PEINTS

Les émaux peints comportent toutes sortes de procédés qui, d'ailleurs, ne sont pas exclusifs les uns des autres puisque, sur une même pièce, on trouve employé trois ou quatre procédés différents.

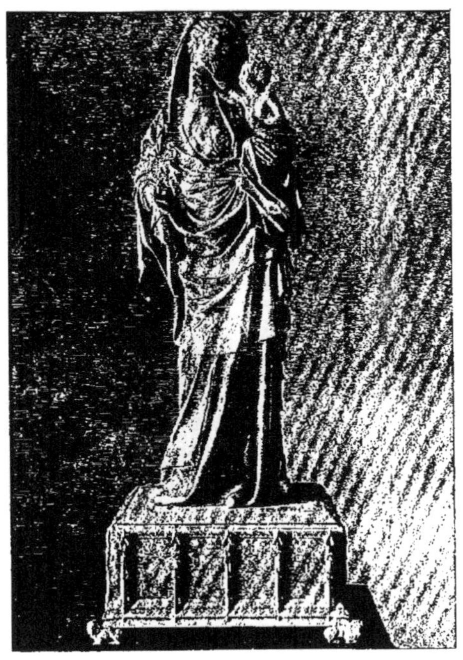

Fig. 77. — Vierge en argent doré, décorée d'émaux translucides, dite de Jeanne d'Evreux (Musée du Louvre).

Un de ces procédés consiste, sur le métal recouvert d'un fondant blanc ou incolore, à dessiner avec un trait d'émail foncé, fait généralement avec du manganèse et à recouvrir ce dessin par des émaux translucides.

Un autre procédé est de coucher sur la plaque de métal un émail noir ou foncé et de dessiner dessus avec de l'émail blanc. Plus on veut obtenir un blanc franc, plus on doit l'épaissir ; le fond noir, avec une légère couche de blanc, donne un gris. C'est par ce système qu'on a peint toutes les figures, même des figures minuscules, dont les modelés s'obtiennent par la transparence du fond à travers le blanc peu épais (fig. 78).

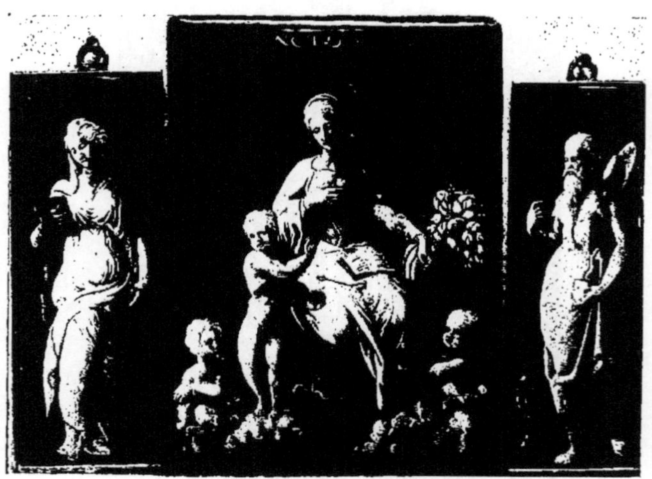

Fig. 78. — Émaux peints en grisaille par Jean III Pénicaud, représentant la Vierge, saint Jérôme et sainte Catherine (Musée du Louvre).

Au xve siècle, on employait un troisième procédé, qui a donné des œuvres très délicates, notamment un portrait de Jehan Fouquet, au Louvre ; on couchait un fond d'émail noir avec un fondant dans lequel il y avait de la poudre d'or ; le modelé était obtenu en enlevant l'or à la plume, de manière à faire réapparaître le noir ; l'on obtenait ainsi une sorte de grisaille d'or.

Un autre procédé a consisté à employer des émaux complètement opaques et à redessiner dessus des ombres avec un émail foncé et des lumières avec de l'or. C'est le procédé cher aux émailleurs du xvɪe siècle.

Enfin, celui qui donne le plus de richesse est le procédé qu'on appelle l'émaillage sur paillons.

Ayant couvert la pièce d'émail noir, on modèle le dessin avec l'émail blanc. On pose alors les paillons, feuilles d'or ou d'argent qu'on fait adhérer par un passage au feu et sur lesquelles

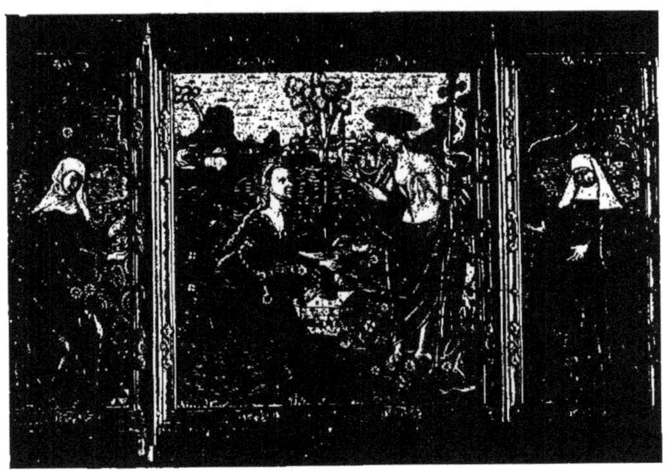

Fig. 79. — Émail peint de Limoges, représentant le Christ et la Madeleine
(Collection Carrand, à Florence).

on redessine avec l'émail noir ; il ne reste qu'à localiser les émaux translucides suivant les contours. Nul autre procédé ne saurait donner la richesse et l'éclat du ton d'un vert ou d'un rouge posé sur paillon d'or ou d'un violet posé sur paillon d'argent.

Le xvᵉ siècle est peut-être celui où les émaux peints ont atteint leur apogée : ils présentent les mêmes qualités que les tapisseries de cette époque, par leur composition bien remplie et très décorative, par le caractère du dessin et la beauté des tons (fig. 79).

Les artistes du xvie dont les noms illustres nous ont été conservés, les Léonard Limousin, les Pénicaud, soutiennent mal,
par leurs compositions maniérées qui ressemblent trop à des

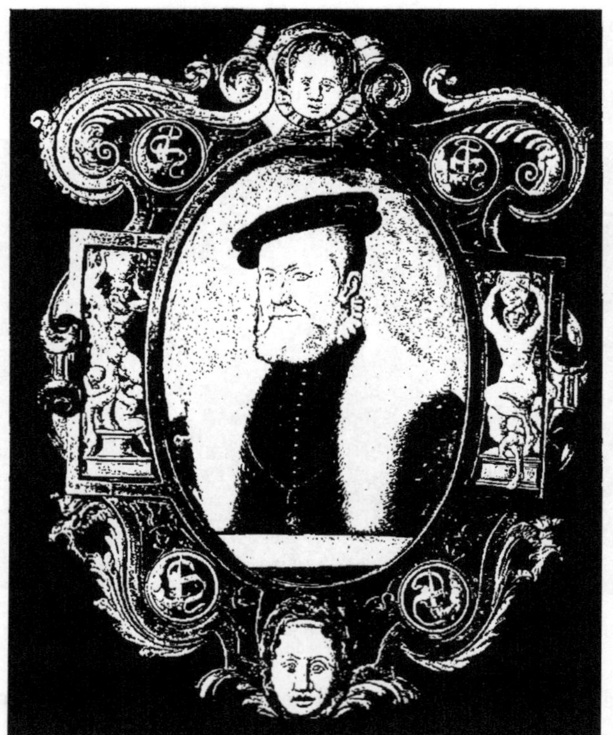

Fig. 80. — Le Connétable Anne de Montmorency. Émail peint par Léonard Limosin
(Musée du Louvre).

tableaux et usent assez mal de la richesse de la technique, la
comparaison avec leurs devanciers.

Mais ces émailleurs ont été des maîtres quand ils ont su être
sincères, et, abandonnant des sujets religieux dont la foi, la naï-
veté et le sentiment étaient absents, peindre les portraits de leurs
contemporains.

Ils ont montré alors leur supériorité sur les maîtres précédents, dans la construction et le caractère des figures (fig. 80).

A la fin du XVIe siècle, l'émail translucide intervenait pour

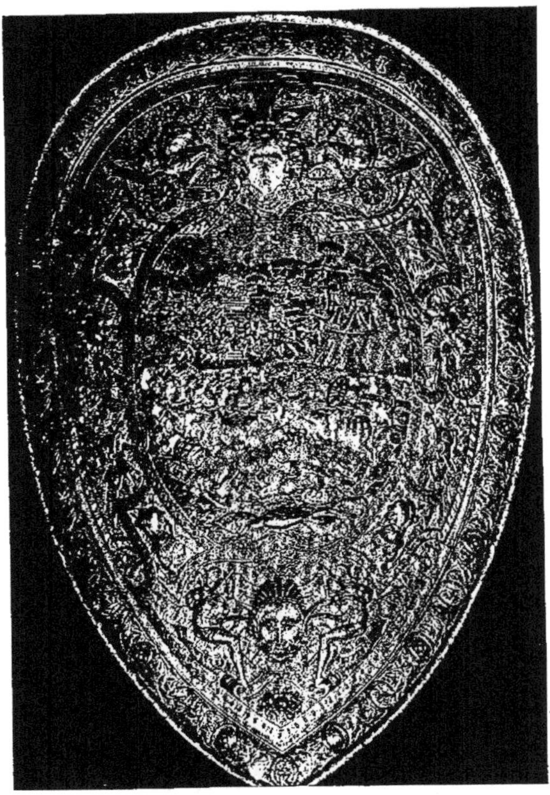

Fig. 81. — Bouclier de Charles IX, en or repoussé et enrichi d'émaux (Musée du Louvre).

enrichir le décor sculpté d'objets qui n'étaient d'ailleurs pas simples de composition ni purs de forme. Le bouclier de Charles IX conservé au Louvre est un exemple probant de l'abus du décor et de la richesse de la matière dans des objets de luxe détournés de leur rôle originel et utilitaire (fig. 81).

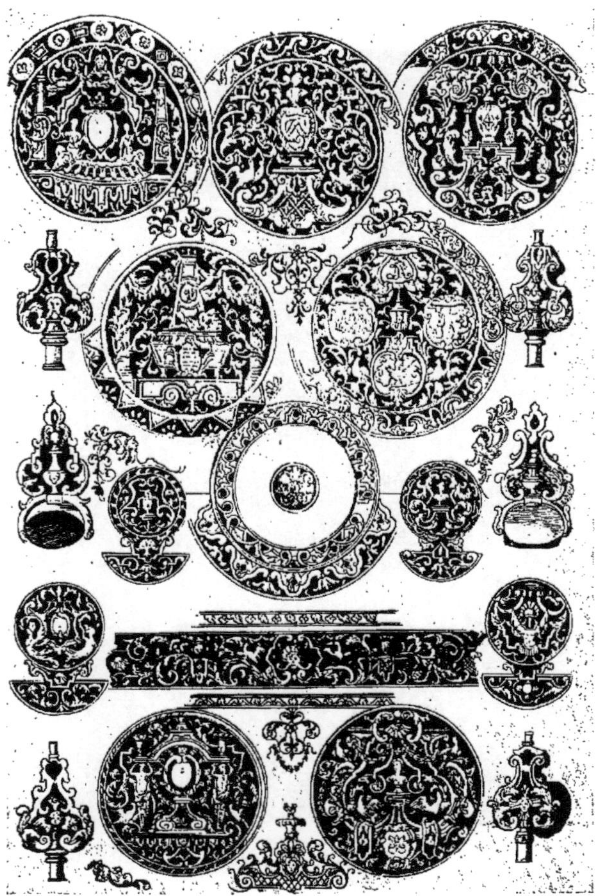

Fig. 82. — Nielles, tirés du « Nouveau livre de boîtes de pendulles, de coqs et estuys de monstres et autres nécessaires aux orlogers inventé et gravé par Daniel Marot ».

Ce sont les erreurs qui caractérisent la décadence d'une technique et d'un art.

Il resta un procédé intéressant, dont les débuts remontaient
au xv° siècle, le nielle, technique intermédiaire entre l'incrustation et l'émaillage : on y applique en effet les procédés du champlevé, mais d'autre part le nielle n'est pas de l'émail, puisque
c'est un sulfure d'argent, de cuivre et de plomb qu'on fond à la
surface du métal gravé.

Le nielle, qui avait donné lieu, au xv° et au xvi° siècle, à des
œuvres délicates, en Allemagne comme en Italie, fut en faveur,
en France, au xvii° siècle, pour les objets d'orfèvrerie, pour les
boîtiers de montre. Gribelin, Daniel Marot ont donné pour
ces petits objets des dessins d'une composition souple et d'un
caractère varié, en vue de l'opposition à chercher entre les fonds
noirs et les rinceaux de métal (fig. 82).

C'est par l'emploi du nielle que la technique de l'émail
champlevé s'est en quelque sorte maintenue au xviii° siècle et
jusqu'à la moitié du siècle dernier pour se reconstituer à cette
époque, en même temps que celle de l'orfèvrerie.

Après les essais des artistes comme Lassus et des industriels
comme Poussielgue, d'autres artistes, comme Falize, Thesmar,
Lalique et Feuillàtre se sont appliqués, à la fin du xix° siècle, à
se servir de l'émail pour leurs ouvrages modernes d'orfèvrerie et
de bijouterie.

Non seulement ils ont remis en honneur les procédés anciens,
mais ils ont créé des techniques nouvelles : leurs travaux les
plus intéressants sont les cloisonnés à jour faits avec des émaux
translucides.

CLOISONNÉ TRANSLUCIDE A JOUR

Ce fut l'invention de Thesmar, qui prit comme support une
plaque de cuivre ; les cloisons d'or étaient fixées sur cette plaque
par un fondant, puis les émaux translucides étaient coulés entre
les cloisons. La plaque était alors détruite à l'acide nitrique ; on

faisait disparaître, par une légère glaçure au feu, la matité qui résultait de l'adhérence préalable sur le fond. Ce procédé avait contre lui un défaut, sa fragilité. Une fois la plaque de cuivre enlevée, les cloisons d'or ne se tenaient plus entre elles que par l'adhérence des émaux.

Lalique et Feuillâtre reprirent l'idée de Thesmar en lui appliquant judicieusement les procédés industriels modernes. Au lieu d'un cloisonné d'une solidité précaire, les cloisons sont obtenues par reperçage à la scie dans une plaque d'or ou de cuivre suffisamment épaisse ; on a ainsi des cloisons qui sont aussi hautes que celles de Thesmar, mais qui tiennent ensemble parce qu'elles font partie d'une même plaque. Une feuille de platine ou de mica, placée temporairement sous la plaque, permet de couler les émaux.

L'émaillage, qui avait fait la beauté de l'orfèvrerie du moyen âge, et qui, au xvie siècle, s'alliait à la bijouterie, est encore aujourd'hui le complément nécessaire et précieux de ces deux arts et on ne saurait trop approuver les artistes modernes d'en faire un large emploi.

IX

LA BIJOUTERIE ET LA JOAILLERIE

Le goût des bijoux est aussi ancien que l'homme ou, du moins, que la femme et cette coquetterie préhistorique nous a renseignés sur des civilisations que, sans elle, nous ne connaîtrions pas. Les bijoux extraits des tombeaux ont justifié les descriptions des poètes et les parures mycéniennes ont réalisé pour nous ce qui, jusque-là, ne paraissait que fiction dans les chants homériques.

En outre, la comparaison entre les œuvres découvertes en Égypte, en Chaldée et en Grèce, a établi des liens entre les civilisations primitives. Si l'archéologie a bénéficié de ces découvertes, l'intérêt de l'art n'y a pas moins gagné. Cependant, quoique ces trouvailles aient provoqué l'essor de la bijouterie, comme la mise au jour du trésor de Bosco Reale provoqua l'essor de l'orfèvrerie moderne, on peut se demander si l'archéologie n'a pas eu une fâcheuse influence sur les essais de rénovation des formes.

En effet, presque tous ces bijoux, trouvés dans les fouilles et conservés dans les musées, sont des parures de vêtements : ils sont par suite assez volumineux et un peu lourds. Or, dans ces pays primitifs où la nudité, explicable par la clémence du climat, n'était pas choquante, la grande élégance consistait à se vêtir et à se vêtir richement.

Aujourd'hui, c'est un usage inverse qui a prévalu et qui a pour conséquence une toute autre interprétation du bijou : on le comprit fort bien dans l'école de bijouterie qu'on pourrait appeler traditionnelle. Les novateurs ont trouvé depuis quelques années, sans doute à bon droit, que les formes des bijoux étaient devenues banales et communes. Leur tort fut peut-être de trop se préoccuper de mettre en valeur le bijou qu'ils créaient au lieu de

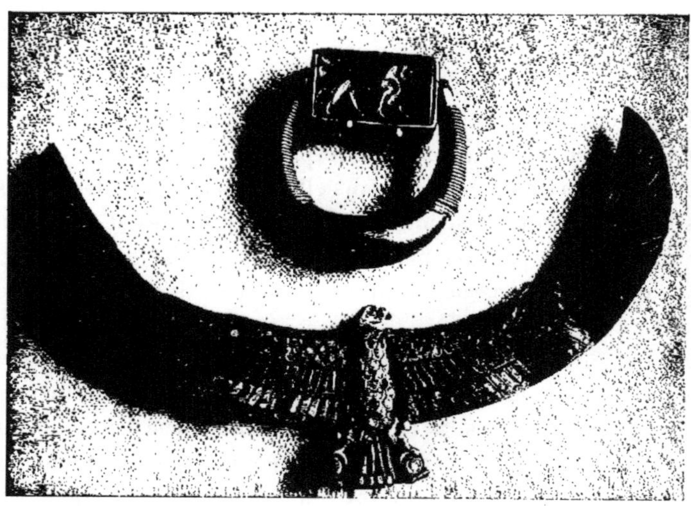

Fig. 83. — Agrafe égyptienne en or cloisonné et bague en or massif de Rhamsès II, portant, d'un côté, un lion gravé et, de l'autre, le cartouche royal (Musée du Louvre).

l'approprier à la femme qui devait le porter, pour aider à l'éclat de sa beauté naturelle.

La bijouterie, employant les mêmes matières que l'orfèvrerie, a les mêmes méthodes de travail. Comme l'orfèvre, c'est par martelage que le bijoutier travaillait la feuille de métal : il la découpait, la reperçait, la ciselait ; les chatons étaient repercés dans la feuille et emboutis : l'or est si malléable qu'on sut bien vite l'étirer en fil, en former des perles, composées de deux demi-sphères soudées qu'on rendit mobiles en les suspendant à des chaînettes : de bonne heure, le filigrane et le grènetis, travail très délicat de fils d'or soudés, décorèrent les bijoux. On employa exceptionnellement le travail de fonte, dans les pièces qui nécessitaient une résistance particulière.

Au métal précieux se sont associés de toute antiquité des pierres fines, des perles, des émaux translucides ou opaques. Les pierres fines durent séduire les humains par leurs propriétés optiques, leurs formes cristallines. La lumière se réfléchit sur les corps transparents, en outre elle se réfracte ; pour certaines pierres précieuses, la réfraction est double. Le chatoiement des pierres est dû à la variété des reflets résultant, soit de la constitution des pierres, soit de l'intervention de l'acide colorant.

Le diamant, carbone pur cristallisé, était extrait autrefois des mines de Golconde : aujourd'hui on le trouve au Brésil et surtout dans l'Afrique du Sud.

Les pierres colorées ont pour base l'alumine et doivent leurs colorations aux oxydes métalliques : ce sont les corindons, qui possèdent la réfraction double et cristallisent en rhomboèdres. On distingue, parmi eux, le saphir bleu, le rubis rouge, la topaze jaune, l'émeraude verte, etc.

L'opale, originaire de Hongrie et du Mexique, est un composé de silice et d'eau. Ses reflets changeants sont attribués à la réflexion des rayons colorés sur les lamelles d'air interposées dans les fissures très nombreuses de la pierre.

D'autres pierres moins précieuses, le grenat, le quartz, l'agate, le lapis, la malachite sont aussi fréquemment employées ; la perle fine est extraite des huîtres perlières sur les côtes de Ceylan, du golfe Persique et du Mexique.

La taille des pierres est d'invention récente : les gemmes étaient traitées par les anciens joailliers suivant une méthode uniforme consistant à les enchâsser dans des chatons qui les sertissaient en plein.

Il est intéressant de suivre sur les bijoux anciens les progrès des méthodes de travail. En Égypte, les bijoux de grande dimension, pectoraux ou bracelets, accusent les formes décoratives par de hautes cloisons d'or dans lesquelles s'enchâssent les pierres fines ou les pâtes vitreuses fixées par le ciment.

Des oppositions naissaient entre les saillies de métal enrichies par la sculpture et la ciselure et les surfaces planes décorées par

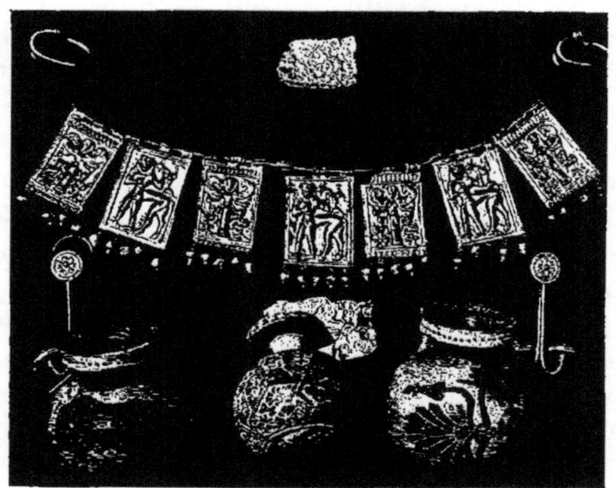

Fig. 84. — Plaquettes d'or à pendeloques formant collier. Bijou cypriote
(Musée du Louvre).

les émaux ; quelques agrafes, conservées au Musée du Louvre et représentant des éperviers ou des faucons aux ailes éployées, sont d'exquises œuvres d'art. Parmi les bijoux recueillis par Mariette, est une bague d'or massif dont le chaton mobile représente, d'un côté un lion, de l'autre un cartouche royal (fig. 83).

Des colliers sont traités plus délicatement encore ; ils sont formés de petites pièces embouties, perles, vases ou fleurs de lotus.

Les bijoux grecs ne sont pas moins précieux ; la Bibliothèque nationale en conserve quelques-uns. L'or y est martelé, découpé, ciselé au repoussé ; pour ajouter à l'effet des bijoux, on les rendait mobiles en les suspendant à des chaînettes. On en trouve des exemples au Musée du Louvre. C'est un collier cypriote ou phénicien, formé de plaquettes d'or estampé (fig. 84).

C'est encore une fibule d'or à pendeloques, trouvée à Aïdin en Asie mineure (fig. 85).

On constate, sur les bijoux grecs de la Bibliothèque nationale où sont figurés des plantes et des animaux, une interprétation fidèle de la nature. Les mêmes qualités sont à signaler sur le collier et les cache-oreilles provenant d'Olbia qui présentent des chatons sur des plaques filigranées et des chaînettes portant des pendeloques.

Dès l'antiquité grecque, on savait faire à l'aide de maillons d'or des chaînes plates et cylindriques. Les bijoux découverts en Crimée et en Russie méridionale témoignent de l'habileté des bijoutiers dans l'exécution de ce travail (fig. 86 et 119). Certaines pièces, comme le dia-

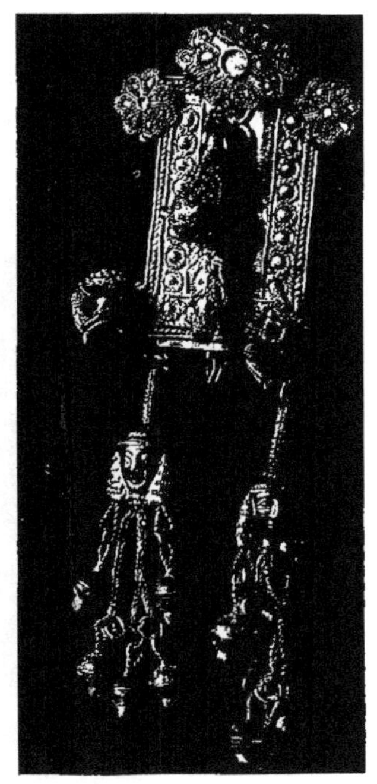

Fig. 85. — Fibule d'or à pendeloques, trouvée à Aïdin en Asie Mineure (Musée du Louvre).

dème du tumulus d'Artioukhov (fig. 120), montrent, en outre, l'emploi de pâtes de verre ou de pierres de couleur.

Les mêmes procédés furent employés dans la civilisation byzantine où se développa le goût pour les bijoux polychromes. Certains bijoux d'époque mérovingienne, conservés dans la collection Carrand à Florence et au musée d'Arras (fig. 87), sont caractérisés par l'emploi des filigranes d'or, dessinant les ornements à la surface des feuilles de métal travaillées au repoussé et par des chatons sertissant les pierres fines : quelques-unes de ces pierres sont montées à jour avec des griffes.

Le plus souvent, la bande d'or est repercée, dessinant par ajour et par relèvement des bords l'emplacement réservé aux joyaux, comme on le voit sur les couronnes votives des rois goths, datant du viie siècle et, notamment, sur celle de Reccesvinthus, qui font partie du trésor découvert à Guarrazar près de Tolède et entré au musée de Cluny (fig. 88).

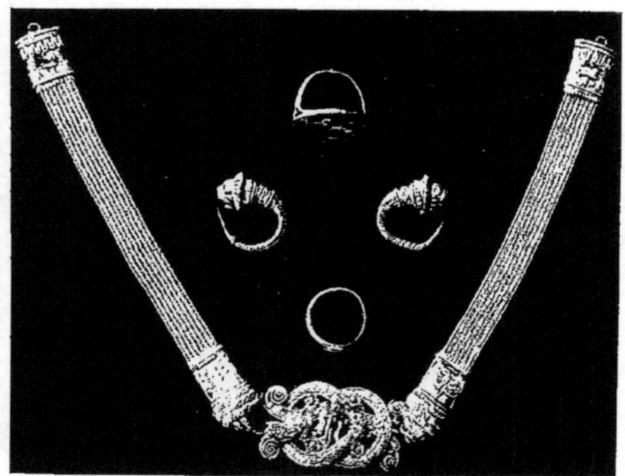

Fig. 86. — Collier, bagues et pendants d'oreille de style grec, trouvés en Crimée.

Il est probable qu'à la même époque on commençait à employer les émaux translucides fondus dans un cloisonnement de fils d'or.

Le montage des pierres, à l'époque byzantine, était pratiqué suivant des méthodes peu différentes de celles en usage aujourd'hui pour les montures en plein. Le problème en effet a peu varié : il s'agissait d'assujettir la pierre dans une garniture

métallique assez fine pour ne pas diminuer les feux du joyau et
en même temps assez solide pour qu'il ne risquât pas de se
détacher. C'est toujours l'or et l'argent qu'on employa pour ce
montage.

Le sertisseur entourait le joyau d'un fil ou d'un ruban d'or

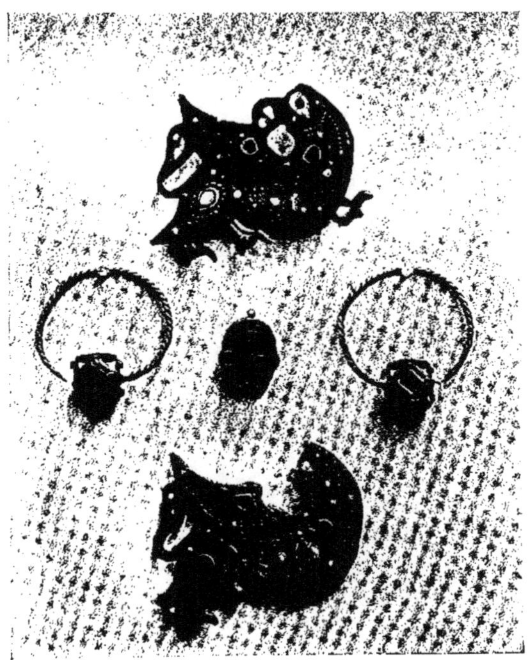

Fig. 87. — Fibules et bagues mérovingiennes à décor de
filigrane et de pierres fines (Musée d'Arras).

qui le contournait et formait ainsi le chaton dont le fond était
embouti pour préparer le logement de la pierre. Celle-ci une
fois placée, le métal était relevé et rabattu sur les bords de la
pierre pour la fixer.

La monture des perles a donné lieu à des dispositions très

variées faites en vue de ménager la perle tout en la bien présentant. On conserve au musée du Louvre un fragment d'un rétable
détruit qui avait été donné par Charles le Chauve à l'abbaye de

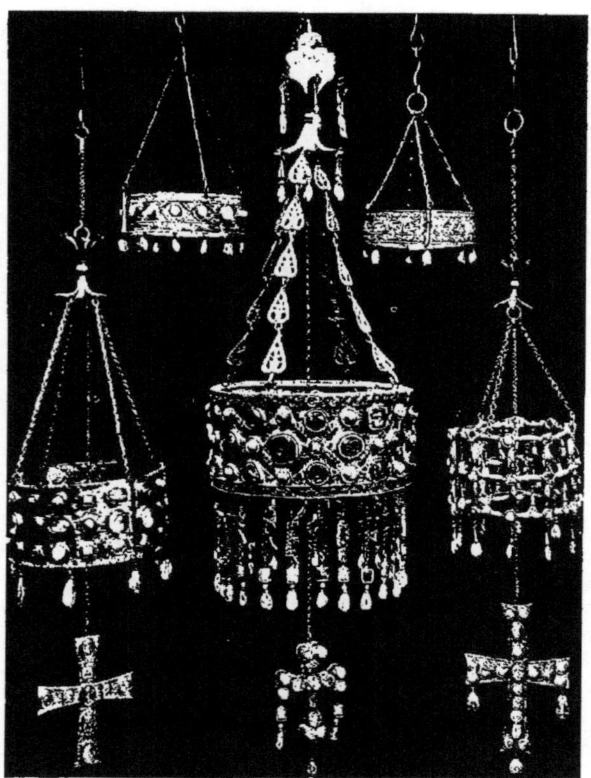

Fig. 88. — Couronnes votives des rois Goths, en or et pierres fines. Trésor trouvé
à Guarrazar, près de Tolède (Musée de Cluny).

Saint-Denis. Le motif central est un camée antique représentant
Julia, fille de Titus, en aigue-marine intaillée. Autour sont des
saphirs dans des chatons d'or ; des perles traversées par une tige
d'or et arrêtées par une rivure enrichissent la silhouette du

médaillon. On est vraiment charmé par l'arrangement des perles simulant les boutons de fleurs (fig. 89).

Ces procédés de montage et de sertissage furent constamment pratiqués au moyen âge et, très fréquemment, le décor de filigranes accompagnait le joyau. Une coupe ou navette, en sardoine (Bibliothèque nationale), a ainsi sa monture enrichie de pierres

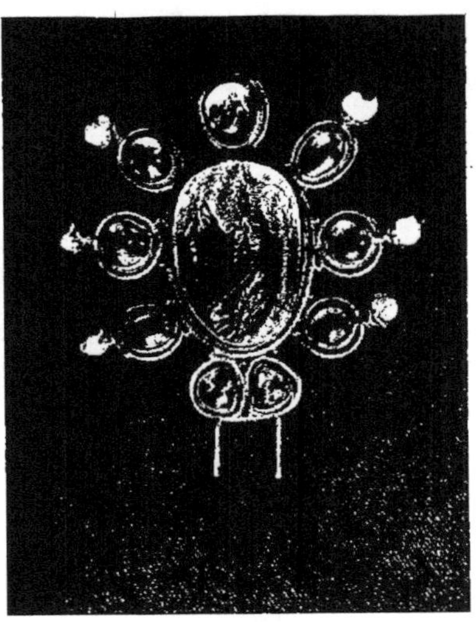

Fig. 89. — Fragment du rétable donné par Charles le Chauve à l'abbaye de Saint-Denis. Monture d'un camée antique en aigue-marine intaillée. saphirs et perles (Musée du Louvre).

fines et de filigranes. On monta de même, au XIIIe siècle, un vase antique qui fit partie du trésor de Saint-Denis. Une des pièces les plus remarquables est le calice en argent, dit de saint Gauzelin, conservé dans le trésor de la cathédrale de Nancy (fig. 90).

On utilisait aussi, pour le montage, de minces cloisons d'or rivées ou soudées sur un fond. Ainsi est monté un plat en serpentine incrustée d'or dans une bordure cloisonnée enchâssant des pierres précieuses. On ornait par les mêmes moyens les

L'Art appliqué aux Métiers. — VI.   **10**

couvertures d'évangéliaires. Le musée de Cluny conserve une couverture formée de plaques d'ivoire dont le cadre est orné de pierres fines montées dans de hauts chatons.

Au xivᵉ siècle, on montait encore en plein les pierres fines, comme on le voit sur un grand fermail allemand en argent doré

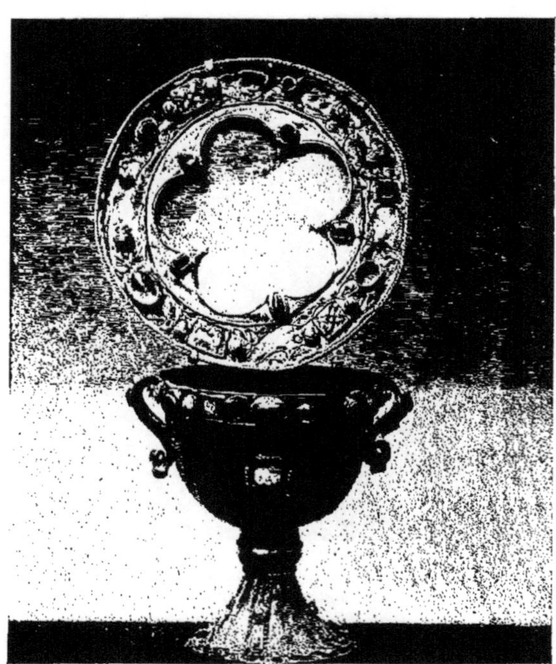

Fig. 90. — Calice et patène en argent enrichi de pierreries, dits de saint Gauzelin
(Trésor de la cathédrale de Nancy).

du musée de Cluny (fig. 91). Il est formé d'un aigle occupant un losange qu'entourent quatre lobes ajourés ; les ailes sont enrichies de pierres fines.

Le trésor de la cathédrale d'Amiens possède une couronne dite du Paraclet (fig. 92), chef-d'œuvre de la bijouterie et de la joaillerie au XIVᵉ siècle; elle témoigne de la perfection des méthodes de travail à cette époque. On n'hésitait pas alors à monter à griffes les pierres qu'on voulait laisser apparentes, et tous les détails concourent au plus bel effet d'ensemble.

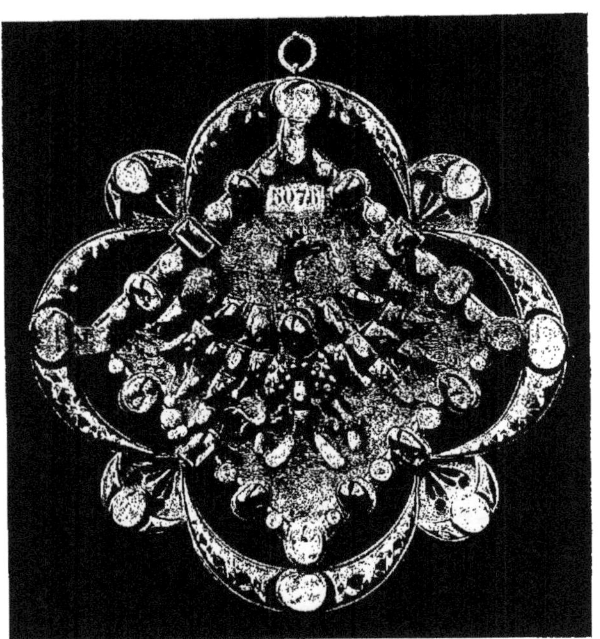

Fig. 91. — Fermail en argent doré, décoré d'émaux en taille d'épargne et enrichi de joyaux. Ouvrage allemand (Musée de Cluny).

Le travail de filigrane, allié au travail de repoussé et mettant en valeur des joyaux, était d'un usage constant au XVᵉ siècle (crosse épiscopale de cuivre doré, enrichie de filigranes et de joyaux, au musée de Cluny, fig. 93).

Au XVIᵉ siècle, on utilisait tous les procédés ; sur une coupe d'argent doré, martelé et ciselé au repoussé, sont enchâssées des pierres fines et les têtes de lion qui ornent la coupe sont fondues.

C'est surtout sur les croix épiscopales surchargées de joyaux qu'on peut le mieux étudier les procédés de monture des pierres et de décoration en filigrane, s'appliquant à des plaques de métal embouties ou estampées ayant pour support un noyau de bois.

On se préoccupait de plus en plus de profiter, pour l'éclat du bijou, des qualités des pierres et certains joyaux du xvie siècle, conservés dans la galerie d'Apollon au Louvre, témoignent de l'habileté de la présentation de ces pierres (fig. 94).

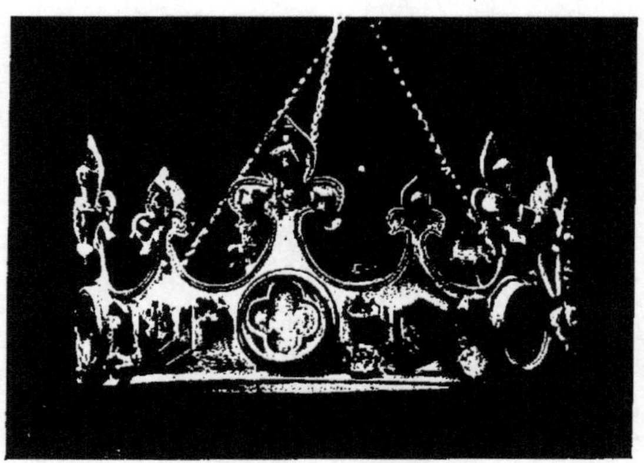

Fig. 92. — Couronne enrichie de joyaux, dite du « Paraclet »
(Trésor de la cathédrale d'Amiens).

Si l'on avait eu de bonne heure, lorsqu'une pierre était exceptionnellement belle, l'idée d'affiner le sertissage pour laisser voir la pierre tout entière, le procédé de monture à griffes ne se généralisa que lorsqu'on commença à tailler de façon courante les pierres fines. C'est vers la fin du xve siècle qu'apparaissent les diamants taillés. Un des plus beaux est celui qui appartenait à Charles le Téméraire. La taille en « brillant » date du commencement du règne de Louis XIV ; celle à facettes « en rose » est encore plus récente.

La taille du diamant par les lapidaires comporte d'abord l'opé-

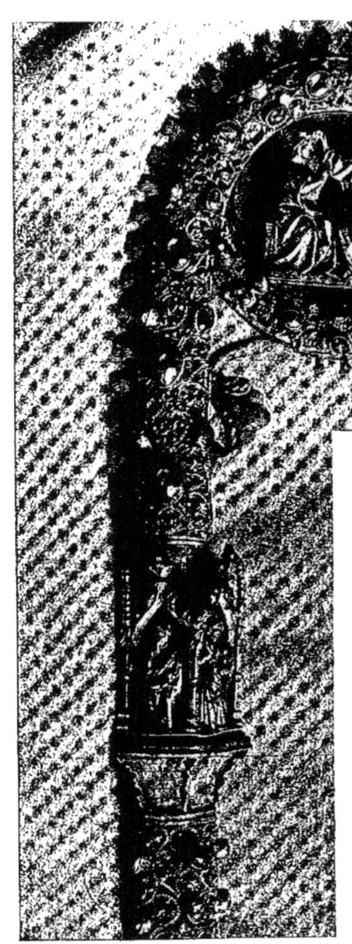

Fig. 93. — Crosse enrichie de joyaux
(Musée de Cluny).

ration par laquelle le cliveur le sort de sa gangue et le fend suivant ses faces de clivage ; la taille proprement dite consiste à user l'un contre l'autre les diamants fendus au moyen de l'appareil appelé égrisoir pour leur donner leur forme définitive ; le diamant est enfin poli à la meule enduite d'huile et de poudre de diamant qu'on appelle « égrisée ».

La taille avait pour but d'augmenter l'éclat de la pierre. Elle est plus justifiée pour le diamant que pour les autres pierres dont les facettes sont en contradiction avec leur forme cristalline ; et la composition du bijou pour l'utilisation de la forme de la pierre, suivant la méthode qui avait cours au xvie siècle, paraît beaucoup plus logique.

Parmi les plus curieux bijoux du xvie siècle sont les montres, diminutifs des horloges portatives et qui, au grand profit de la coquetterie féminine, devinrent des joyaux extrêmement précieux. La collection, léguée au Louvre par Paul Garnier, de ces montres françaises fabriquées dans les villes voisines des châteaux royaux, à Blois, à Tours, à Poitiers, témoigne des qualités de l'art français. On employait pour le décor des boîtes tous les procédés en usage, repoussage, reperçage, gravure et nielles, émaillage sur paillons ou en cloisons; on utilisait les pierres fines et le cristal de roche. On sait quelques noms des horlogers

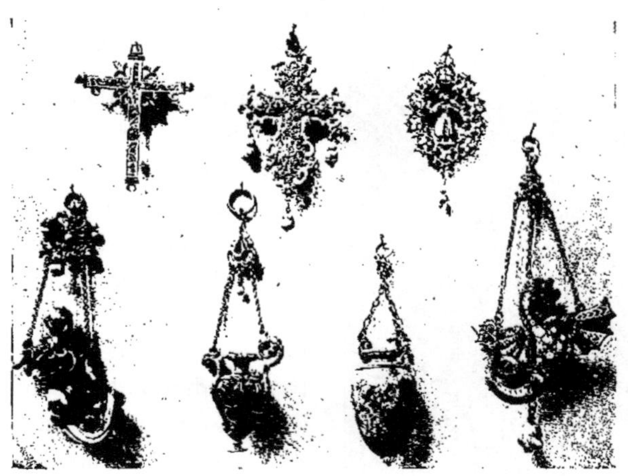

Fig. 94. — Bijoux en or, émaux et pierres fines. Travail italien et allemand
(Musée du Louvre).

qui ont créé ces joyaux : c'est Garandeau, qui travaillait pour Catherine de Médicis ; c'est Cuper de Blois ; c'est Sermand de Paris. Les horlogers utilisaient pour les montres les compositions décoratives d'Étienne Delaune, de Pierre Wœiriot, de Théodore de Bry, etc. Il est intéressant de constater que ce sont les horlogers français qui se fixèrent en Suisse aux xvie et xviie siècles et apportèrent à Genève les procédés de fabrication des montres.

Les formes sont extrêmement variées ; la plus simple est la forme cylindrique dérivée de celle des horloges portatives. Quelques montres sont de forme sphérique (fig. 95) : le joyau en cristal de roche est tantôt une fleur de lys ou de coloquinte (fig. 96), tantôt une croix pectorale (fig. 97). Celle-ci est attribuée à l'horloger parisien Myrmécide ; le cristal de roche taillé laissait voir le cadran. Par déférence pour les manifestations de deuil de Henri III après la mort de la princesse de Condé, on taillait un boîtier en forme de tête de mort.

Une montre fabriquée à Nérac, peut-être pour la reine de Navarre, est une fleur de lys en argent. Une boîte en ambre a la forme d'une grenade.

Une autre, simulant une fleur émaillée, est attribuée à Charles Joly, l'horloger de Charles IX.

La plus précieuse est une montre ovale à émaux translucides pris dans une résille d'or cloisonné ; on croit qu'elle appartint à Catherine de Médicis.

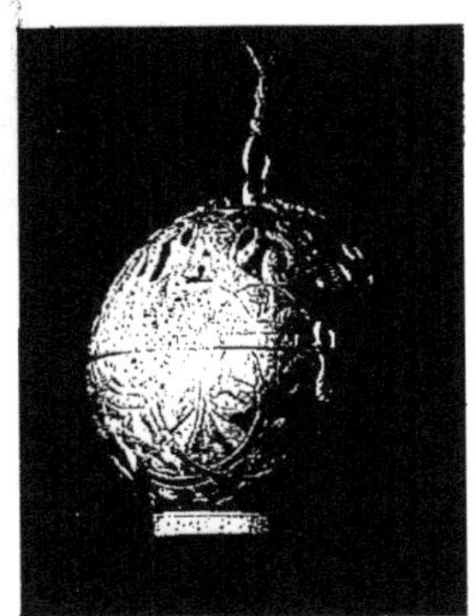

Fig. 95. — Montre sphérique en métal repercé et gravé (Coll. Garnier. Musée du Louvre).

On n'est pas bien fixé sur la façon dont se portaient ces bijoux, soit en pendant de col, soit en pendeloque attachée à la ceinture.

L'art s'était ainsi emparé de ces œuvres ayant une destination précise et la décoration s'appliquait, non seulement aux boîtes et aux cadrans, mais même à différentes pièces de rouages.

Au XVIIe siècle, on décora souvent les montres d'ornements d'or estampé et soudé, appliqué sur l'acier bleu. L'imitation, en porcelaine émaillée, de tableaux reproduits à petite échelle sur les montres, indique qu'à cette époque, on abandonnait les tra-

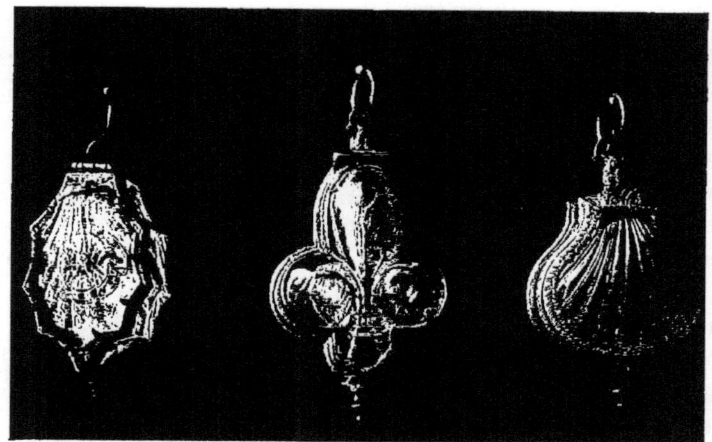

Fig. 96. — Trois montres à boîtes de cristal de roche taillé et gravé
(Coll. Garnier. Musée du Louvre).

ditions saines du décor. C'est à l'intérieur des montres que se
conservait encore le goût d'une ornementation rationnelle s'ac-
cordant avec la destination. Aujourd'hui on démonte les coqs

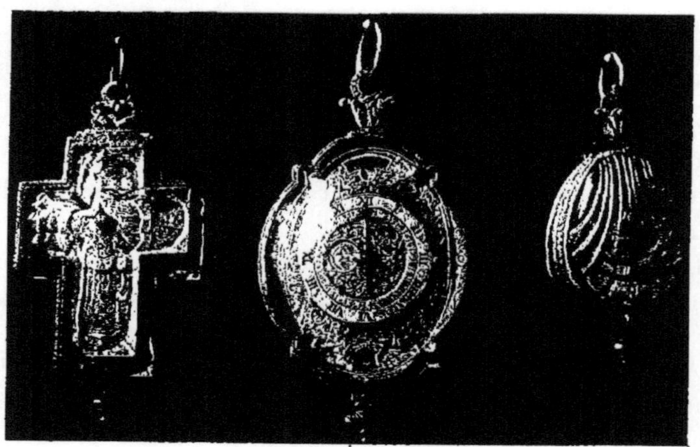

Fig. 97. — Trois montres à boîtes de cristal de roche (Coll. Garnier. Musée du Louvre).

de montre pour en faire des broches ; mieux vaudrait les laisser
où ils sont et se contenter de prendre dans ces œuvres anciennes
des leçons de goût et de conscience.

TECHNIQUE MODERNE

Les procédés actuels de la bijouterie procèdent des mêmes
principes que les procédés anciens, tout en présentant avec ceux-
ci quelques notables différences au point de vue technique.

Le métal employé est l'or, l'argent ou le platine.

L'or jaune est absolument pur, le demi-jaune est au titre de
750 pour 125 d'argent et 125 de cuivre jaune ; l'or rouge contient
750 parties d'or pour 10 d'argent vierge et 240 de cuivre rosette.
L'or vert est au titre de 750 pour 250 d'argent.

Les soudures sont de formule variable selon le degré de la température de fusion à obtenir, qui est nécessairement inférieure à
la température de fusion du métal de la pièce. On les dit au 1/3,
au 1/4, au 1/6 selon que l'or entre pour 60, 72 ou 82 $^o/_o$ dans
leur composition. La soudure à l'argent contient 57 $^o/_o$ d'argent.

De même qu'en orfèvrerie, s'il y a plusieurs soudures à faire,
on commence par employer la soudure la plus forte et l'on termine par la plus faible.

Le métal est employé seul ou doublé ; l'argent et l'or rouge se
doublent très facilement ; on les brase en nettoyant les surfaces
des plaques de métal, en y faisant quelques stries qu'on couvre
de borax et l'élévation de température réunit les deux métaux.
Avec l'or vert on est obligé de souder l'argent.

Le doublage a pour principale raison la solidité de la pièce ;
en outre, il colore les dessous et a l'avantage de ne pas faire
porter l'argent oxydable sur la peau.

Pour le platine, qui est cassant et dont la dilatation s'accorde
mal avec celle de l'or, on emploie un procédé de renfort qui

consiste en un fil soudé en dessous le long de la pièce et qui s'appelle un bâté fil.

On lamine le métal à une épaisseur déterminée qui est habituellement le 18 de la filière d'épaisseur, un calque reporte sur le plané les contours du dessin à exécuter qu'on reprend au burin, on découpe et on perce à la scie les ajourages et on rectifie le travail à la lime.

On donne le mouvement indiqué par le dessin pour les motifs à l'aide de la bouterolle de fer ou de bois et du dé à emboutir, dont les cavités variables permettent d'exécuter depuis les mouvements très plats jusqu'au logement des pierres montées en plein.

On repousse aussi à la bouterolle sur plomb.

On pratique ensuite, comme en orfèvrerie, la mise en ciment pour l'exécution des ciselures.

Dans la plupart des pièces il faut assembler plusieurs motifs. Pour cela on les pose sur de la cire à modeler ; on coule du plâtre dessus afin de les maintenir et de pouvoir en pratiquer la soudure, qu'on exécute au chalumeau.

Une fois la pièce soudée, on répare les soudures.

C'est alors qu'on perce au foret, à l'aide du drille, instrument très ancien qui donne un mouvement de rotation à la pointe perceuse, les trous destinés à recevoir les gemmes.

A l'envers de la pièce, on exécute à la scie la mise à jour, qui, comme son nom l'indique, sert à dégager complètement le dessous des pierres pour leur laisser toute leur valeur de transparence. Pour les dégager complètement, la mise à jour est carrée, tandis que le trou est, à l'endroit, naturellement rond.

Enfin on polit la pièce, en la frottant à l'aide de fils d'Écosse et de bois de forme variable, recouvert de drap sur lequel on étend de la ponce, du tripoli ou du rouge anglais.

Le travail du joaillier est terminé et la pièce vient alors entre les mains du sertisseur, dont le rôle consiste à mettre des pierres dans chaque trou préparé.

Pour le montage en plein, dont la technique ressemble à celle
usitée jadis, la feuille de métal est emboutie à l'aide d'une bouterolle de dimension correspondant à celle de la pierre à sertir.
On soude à la lampe le fil ou ruban métallique qui contournera
la pierre. Le chaton est ainsi formé : le sertisseur le creuse à
l'échoppe pour loger la pierre; il la place et la sertit, c'est-à-
dire relève le fil ou ruban d'argent ou d'or pour le rabattre sur
les bords de la pierre. L'échoppe à arrêter fixe la pierre dans les
entailles du chaton ; puis, à l'aide du poinçon et du marteau, on

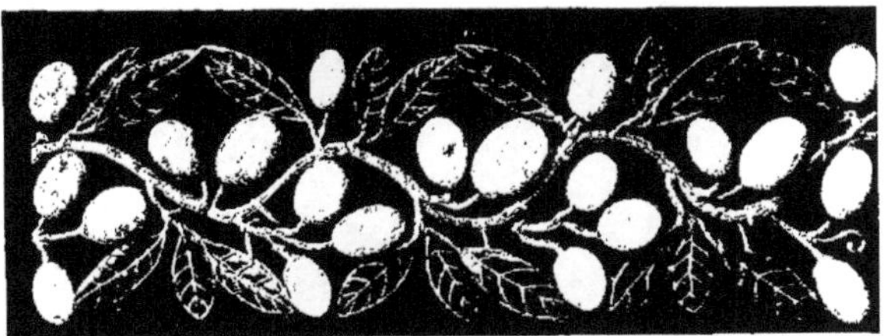

Fig. 98. — Ornement de col décoré de feuilles et boutons d'oranger, par Lalique.

borde régulièrement la pierre, qu'on consolide par quelques
griffes faites à l'échoppe.

Le montage à jour est plus délicat; le chaton est dit « illu-
sion » s'il présente une forme évasée et apparent dans la forme
contraire. On découpe la feuille de métal et on la relève pour
former le tronc de cône, on la soude aux deux extrémités. On
découpe la feuille à la scie pour former les griffes et on détoure
le bord inférieur.

Le sertissage se fait en rabattant les griffes et est particulièrement délicat pour la monture des perles, en raison du danger de
les faire éclater.

Le cercle à jour qu'on appelle la bâte est fabriqué à part. C'est
lui qui sert à fixer le chaton au corps du bijou ; par exemple dans
une bague, c'est la bâte qui épouse la forme du dessus du doigt.

On emploie encore comme monture le panier indépendant qui se place entre le corps du bijou et la bâte inférieure. Pour donner de la souplesse à certaines pièces, notamment aux bracelets, on se sert de charnières ou d'articulations.

Actuellement, les procédés mécaniques tendent à remplacer les procédés manuels, dans la bijouterie imitation : c'est ainsi qu'on

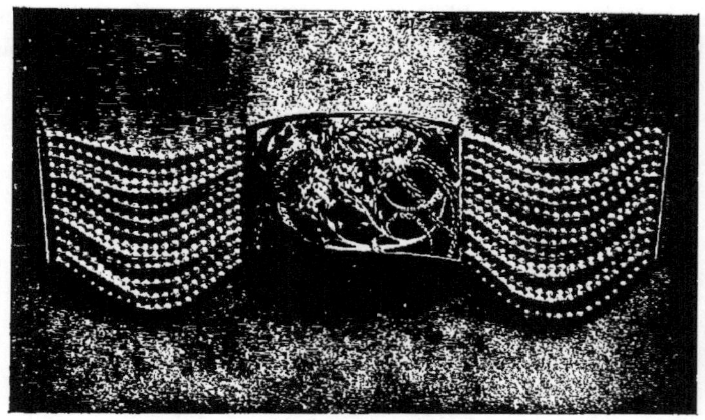

Fig. 99. — Collier de perles orné d'une plaque de métal ajouré avec décor de maïs et de jasmin, par Lalique.

applique le procédé du découpage et de l'estampage par le balancier aux chatons et aux paniers.

Pendant le XIXe siècle, on a fait des bijoux qui témoignent d'une préoccupation de la valeur intrinsèque des pierres, plutôt que du souci de la forme artistique des parures.

Depuis un demi-siècle a commencé avec des bijoutiers artistes, tels que Falize et Boucheron, une renaissance de la bijouterie, mais de la bijouterie traditionnelle. Plus récemment, d'éminents artistes tels que Lalique, ont ouvert à la bijouterie une voie nouvelle et sont devenus les chefs d'une école où se sont distingués nombre d'autres. L'étude sincère de la nature a été le point de départ du renouvellement des formes d'art dans lequel la bijouterie a devancé d'autres industries du métal, telles que l'orfèvrerie. Cela tient peut-être à ce que les bijoux, subordonnés à la parure féminine, laissent plus de part à la fantaisie dans la création artistique que des ouvrages d'orfèvrerie usuelle, telle que les aiguières, cafetières, théières, dont la destination commande le volume de l'œuvre et les rapports de ses différentes parties.

On a remis en honneur d'anciens procédés, tels que celui de l'émaillage, qu'on a perfectionnés et on a compris qu'on pouvait employer des pierres de peu de valeur si elles se prêtaient, par la couleur et la forme, à une création artistique. Tout cela est excellent ; ce qui a peut-être manqué, c'est la mesure et cette bonne logique française sans laquelle on crée difficilement des choses tout à fait durables.

Certains artistes ont un peu perdu de vue la destination du bijou qui doit orner une peau satinée et qui n'est pas fait pour la cacher, encore moins pour la meurtrir.

Parmi les premières œuvres de Lalique, on peut citer un ornement de col aux feuilles et boutons d'oranger dont la souplesse et l'équilibre sont remarquables et témoignent de la parfaite adaptation de la nature à un bijou qui met en œuvre le métal, l'émail et les perles (fig. 98) : il faut louer de même un collier dans lequel les perles ont le principal rôle et où la plaque qui les interrompt, très délicate et très ajourée, contribue à la beauté du bijou (fig. 99).

Nous avons admiré les belles montres du xvıᵉ siècle. On trouve dans l'œuvre de Lalique des montres dont le décor est différent et n'est pas moins agréable.

Si l'on a pu reprocher à certains bijoux modernes, de grande dimension, de ne pas mettre en valeur la beauté féminine et d'être par eux-mêmes des objets d'art intéressants, mais des objets de vitrine à placer dans un musée, la critique est injustifiée en ce qui concerne les pendants destinés à être portés sur le vêtement (fig. 100) et encore plus pour les agrafes de manteau, les boucles de ceinture, dont le volume s'accorde avec la destination.

C'est peut-être dans les bagues que les essais de formes nouvelles ont été le mieux réussis : leur dimension restreinte donnait libre cours à la fantaisie pour mettre les pierres en valeur (fig. 101).

Le grand peigne, placé généralement en arrière dans la coiffure et où l'écaille se marie avec des incrustations de pierres fines, a motivé aussi des œuvres d'un très agréable effet.

Le danger, que les artistes modernes ont généralement évité, serait l'imitation des bijoux de date très ancienne, mis à découvert par les fouilles en Égypte ou en Chaldée et qui tendrait à des étrangetés de forme en désaccord avec les idées modernes.

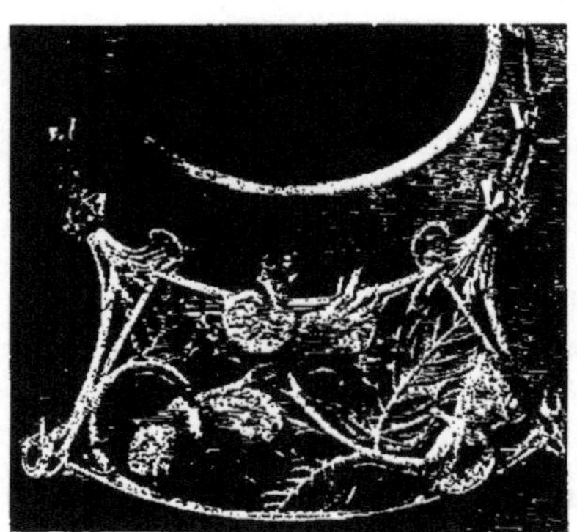

Fig. 100. — Pendant de col en or émaillé, à décor de noisetier, par Lalique.

Il faut bien connaître les œuvres anciennes pour tirer parti des procédés qui ont servi à les réaliser, mais sans prétendre à ressusciter les formes caractéristiques d'une civilisation morte, qui n'a point de rapport avec la nôtre.

Au point de vue de la composition, l'enseignement à tirer des plus beaux bijoux égyptiens, pectoraux, bracelets ou agrafes, est dans l'étude des admirables silhouettes de ces bijoux, de l'harmonie parfaite entre les parties pleines et les parties ajourées, des oppositions de relief et de couleur, bien plus que dans la reproduction des thèmes décoratifs. Ce sont des qualités qui s'accordent parfaitement avec notre art français et qui doivent nous mettre en garde contre l'abus de formes composites, où le renouveau consisterait à prendre un thème dans la nature et à le faire entrer dans une composition linéaire de forme connue, en terminant, par exemple, une fleur par une volute ou une figure par une fleur.

Fantaisie soit, mais fantaisie raisonnée. Les perles, les pierres ont leur fantaisie ; mais, quand on compose un bijou pour les placer, il faut raisonner beaucoup et ne pas vouloir lutter de fantaisie avec elles. En toutes choses il y a une tradition, qui ne doit pas couper les ailes à l'inspiration, mais qui peut en limiter les écarts. Rien n'a fait plus de tort au style moderne, en bijouterie comme en tout autre sujet, que les œuvres mal construites, mal faites pour leur destination, et où la prétention le dispute à l'ignorance de la technique.

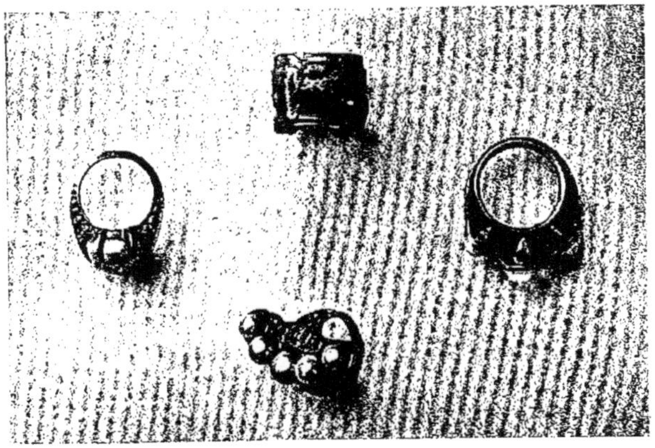

Fig. 101. — Bagues en or émaillé enrichies de perles, par Lalique.

X

LES MONNAIES ET LES MÉDAILLES

L'usage des monnaies, en vue de faciliter les transactions, paraît remonter en Grèce au viie siècle avant l'ère chrétienne ; on attribue aux rois de Lydie les premières monnaies d'or.

Dès l'origine, les monnaies ont été « frappées », c'est-à-dire estampées.

Aucune forme ne convenait mieux à cette technique que la forme circulaire, qui n'était pas moins bien choisie pour l'usage, des pièces destinées à être enfermées dans un sac qu'on porte sur soi devant être nécessairement arrondies pour ne pas déchirer l'enveloppe.

Dans toute monnaie, on distingue le « flan » ou disque de métal qui recevra l'empreinte du « coin », c'est-à-dire de la matrice de métal durcie par la trempe. On appelle « droit » ou « avers » la face de la pièce où sont figurés en relief des effigies ou des symboles. Le « revers » n'est pas orné dans les monnaies les plus anciennes : la frappe des monnaies était encore rudimentaire et n'admettait pas l'usage de deux coins ou poinçons différents pour le droit et le revers. On donne le nom de « champ » à la partie de la pièce formant fond sur lequel saillissent les figures ou les légendes. Le grènetis est la ligne de points qui limite le champ.

Les monnaies anciennes étaient frappées au marteau ou au mouton.

Le Cabinet des Médailles possède des coins très anciens pour la frappe au marteau, notamment des coins à double face qui ont la forme d'une tenaille.

Les coins ne comportaient pas, comme aujourd'hui, l'emploi d'une « virole », disque annulaire empêchant toute fuite de

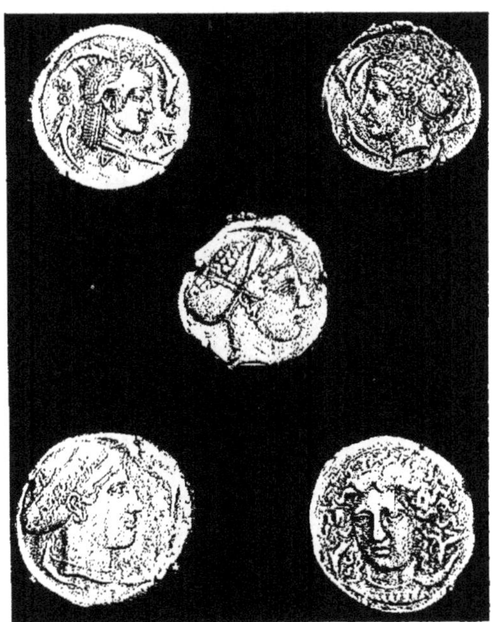

Fig. 102. — Pièces en argent de Syracuse (Cabinet des Médailles, à la Bibliothèque nationale).

métal entre les coins pendant la frappe : ainsi s'expliquent, dans les pièces antiques, les inégalités de contour et les défauts de centrage de l'empreinte sur le flan.

Dans toutes les monnaies anciennes, les artistes ont eu admirablement le sens de ce que doit être une composition dans la forme circulaire ; d'autre part ils ont dû subordonner cette composition à l'usage : si le haut relief est admissible pour une médaille, la nécessité de l'empilage des monnaies impose le bas-relief ; mais, suivant la théorie même du bas-relief antique, c'est le contour qui doit définir la forme dans les limites de laquelle les saillies sont réduites proportionnellement.

D'après ce principe, si l'effigie est de profil, le contour, dessi-

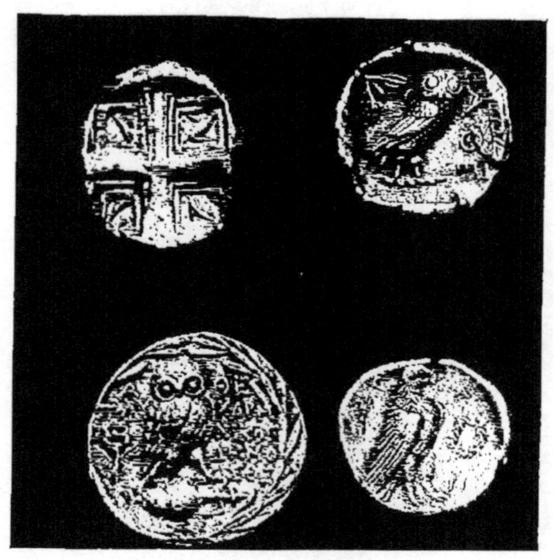

Fig. 103. — Pièces en argent de l'Attique
(Cabinet des Médailles).

nant le front, le nez et la bouche, détermine la saillie à conserver sur le fond, tandis que les plans correspondant aux différentes parties de la figure s'accusent par des reliefs réduits.

C'est le procédé appliqué pour la plupart des monnaies anciennes : il est encore en usage.

On ne saurait trop admirer la variété des solutions que les artistes des temps passés ont su trouver pour les différents emblèmes que représentaient les monnaies et surtout l'expression de ces symboles, dont la composition et l'exécution sont parfaitement à l'échelle de l'exiguïté de la surface à décorer.

Ces qualités tiennent principalement à ce que, jusqu'au xviii⁰ siècle, les artistes ont toujours gravé directement les coins ou les poinçons qui servaient à faire les coins, durcis ensuite par la trempe.

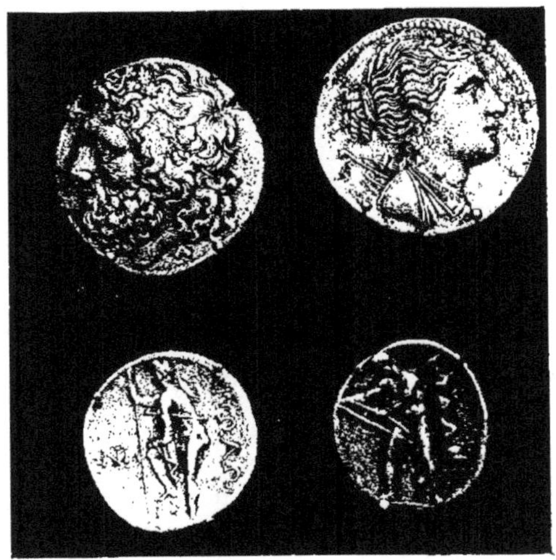

Fig. 101. — Pièces en argent d'Étolie
(Cabinet des Médailles).

Dès le vi⁰ siècle, les monnaies frappées en Grèce ou dans les colonies grecques atteignaient un degré de perfection dont les pièces d'argent de Syracuse (fig. 102) donnent l'idée.

Les monnaies grecques d'or ou d'argent, frappées soit en Attique, soit dans la Sicile et la Grande Grèce du v⁰ au iv⁰ siècle, procèdent, comme la sculpture, d'une tendance à l'interprétation de la nature, pour la création d'un type idéal réalisant plutôt les perfections d'une espèce que celle d'un individu. Qu'il s'agisse d'une figure ou d'un animal, l'art grec en fixe à jamais les traits caractéristiques (fig. 103).

Au contraire, dès l'époque macédonienne, c'est par la recherche du caractère individuel, par le portrait, que se distinguent les médailles comme les statues et le portrait devient le

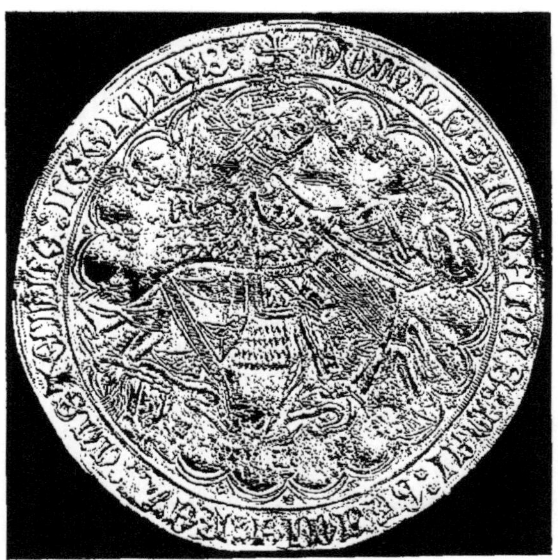

Fig. 105. — Médaille en or de Jean II, roi de Castille et de Léon
(Cabinet des Médailles).

type de la médaille à l'époque gréco-romaine. Il est intéressant de comparer à cet égard des monnaies du ve siècle de la Sicile ou de l'Attique à des monnaies grecques d'époque postérieure, comme les monnaies d'argent d'Étolie conservées à la Bibliothèque nationale (fig. 104).

Si la composition de certaines de ces dernières pièces, présentant une figure en pied avec des attributs, est plus compliquée que celle de la plupart des œuvres antérieures, il se dégage de ces petites figures une véritable impression de grandeur qui ne provient pas de la finesse des détails, mais au contraire de la synthèse des lignes. Quel que fût le soin avec lequel ces détails eussent été traités, ils n'auraient donné que de la confusion et

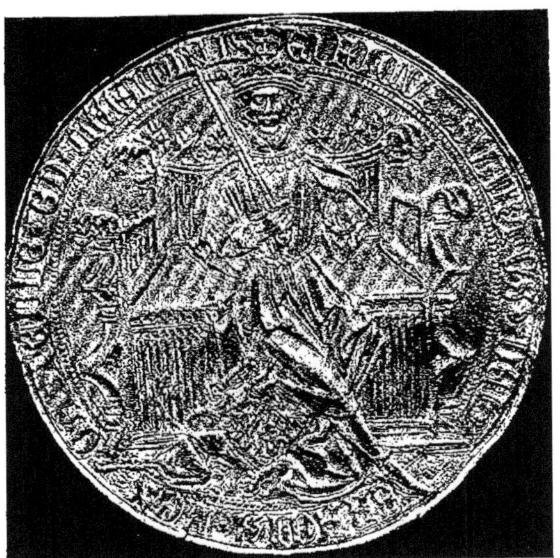

Fig. 106. — Médaille en or de Henri II de Transtamare
(Cabinet des Médailles).

auraient détruit la forme : c'est par ses simplifications que cette forme est affirmée et grandie. Ces exceptionnelles qualités, qui sont caractéristiques des plus belles époques de l'art et qu'on retrouve par exemple sur nos admirables miniatures du xve siècle, exigeaient un sentiment très fin de l'échelle de la décoration et des effets que pouvait donner la technique.

Les pièces romaines n'offrent aucun caractère nouveau, au

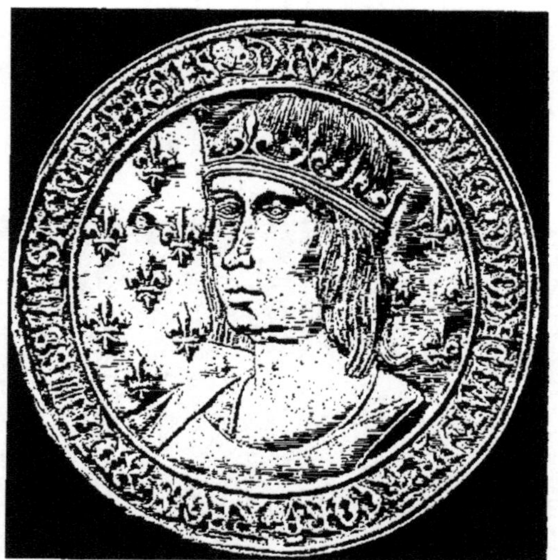

Fig. 107. — Médaille en argent offerte au roi Louis XII

regard des pièces grecques ; la nécessité de fabriquer une grande
quantité de monnaies, ainsi que l'attestent les nombreux trésors
qu'on retrouve, enfouis dans le sol, fit employer pour leur frappe
des alliages plus communs, en général de l'argent à très bas
titre, c'est-à-dire avec une forte proportion de cuivre.

Au moyen âge, le caractère des monnaies se modifia : vrai-
semblablement sous l'influence de la technique, si répandue
dans l'orfèvrerie contemporaine, du martelage des feuilles, on
employa des flans beaucoup plus minces, avec des reliefs plus
réduits, qui amélioraient les conditions de l'empilage des pièces.

La plupart de ces pièces, et notamment les médailles, étaient
de très grand module. On peut citer notamment les magnifiques
médailles d'or des rois de Castille et de Léon, l'un représenté à
cheval, tenant l'épée de la main droite (fig. 105), l'autre figuré
assis sur un trône (fig. 106). Le grènetis limite une belle inscrip-

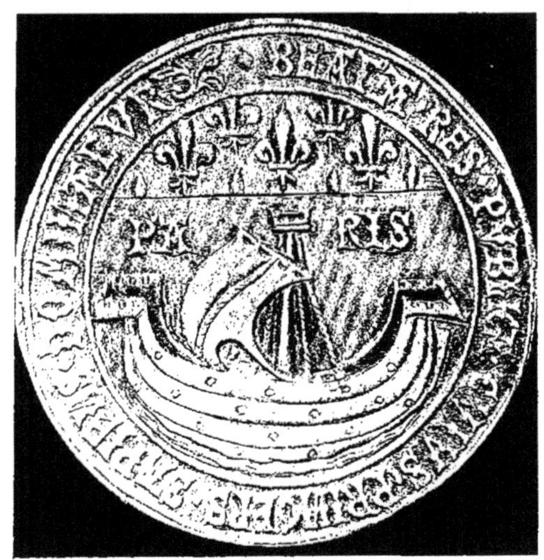

par la Ville de Paris. Droit et revers (Cabinet des Médailles).

tion et, au revers des monnaies, sont les armoiries des deux
royaumes de Castille et de Léon.

Des pièces d'or contemporaines ont été frappées en France et
ont aussi grande allure ; en général, le roi régnant, Charles VII ou
Louis XI, est représenté à cheval. Au revers il est assis sur un
trône, tenant un lit de justice.

De précieuses médailles d'or du xve siècle, conservées à la
Bibliothèque nationale, nous montrent, l'une saint Michel dans
l'inscription : « Ludovicus, Dei gratia Francorum Rex » ; l'autre
l'effigie du duc de Bourbon.

L'une des œuvres les plus remarquables de cette époque est
la médaille d'argent qui fut offerte par la Ville de Paris au roi
Louis XII (fig. 107) et qui porte, sur le droit, l'effigie royale dans
un semis de fleurs de lys ; sur le revers, les armes de la Ville de
Paris avec la dédicace : « Beata res publica cujus princeps

sapiens dominatur ». Les médailles d'or à l'effigie de Louis XII
et de Charles VIII sont aussi fort remarquables. Celle de
Charles VIII porte au revers le profil d'Anne de Bretagne sur un
semis d'hermines et de fleurs de lys. Au revers de la médaille de
Louis XII sont le porc-épic couronné et l'inscription : « Augus-
tus victor triumphator semper » (fig. 108).

Le buste de Louis XII est entouré de l'inscription : « Ludovicus XII Francorum rex Mediolani dux ».

A l'époque de la Renaissance, de profondes modifications se
produisirent dans l'art des monnaies et des médailles : tandis
qu'un progrès considérable était réalisé pour la frappe des monnaies par l'invention du balancier, dont la vis à filet carré, descendant par l'entraînement de deux poids, remplaçait le mouton
et le marteau restés en usage au moyen âge, la technique des
médailles se séparait de la technique des monnaies par la substitution de la fonte à la frappe.

Il est naturel que cette transformation ait été l'œuvre de la
Renaissance italienne, si l'on songe à l'école admirable de sculpteurs et de fondeurs en bronze qui fut la gloire de cette époque.

Jusqu'au xve siècle, s'il y avait eu dès l'antiquité des pièces
ayant un caractère commémoratif et non monétaire, elles admettaient, comme les monnaies, le même principe artistique du très
faible relief et le procédé technique de la frappe.

Les artistes italiens firent de la médaille un art particulier,
comportant une véritable sculpture modelée puis fondue avec la
dernière perfection : la fonte des médailles, qui est encore
employée de nos jours, est particulièrement délicate, si la médaille
a double face, à cause des épaisseurs très différentes que déterminent sur les diverses parties de la pièce les saillies du droit et
du revers.

La renommée a consacré le génie des Pisanello, des Leone
Leoni, des Matteo da Pasti.

La médaille est alors un portrait destiné à commémorer des

hauts faits d'un prince, la gloire d'un artiste, la beauté d'une femme.

Telles sont les médailles de Côme de Médicis, de Bramante, de Constance Fregosa, de Niccolo Acciaiuoli (fig. 109), de Lionel d'Este, d'Isolta de Rimini ou de Philippe II (fig. 110).

L'influence des médailleurs italiens s'exerça en Europe comme celle de la Renaissance italienne en général. Mais les écoles de médailleurs qui se formèrent en Allemagne ou en France eurent leur originalité propre, qui résulta du caractère même de portrait qu'avait l'art pratiqué par elles (fig. 111).

Bien que les médailleurs français du XVIᵉ siècle n'aient pas eu le renom des médailleurs italiens du XVᵉ et du XVIᵉ, nos collections conservent de très remarquables médailles, celles de Tira-

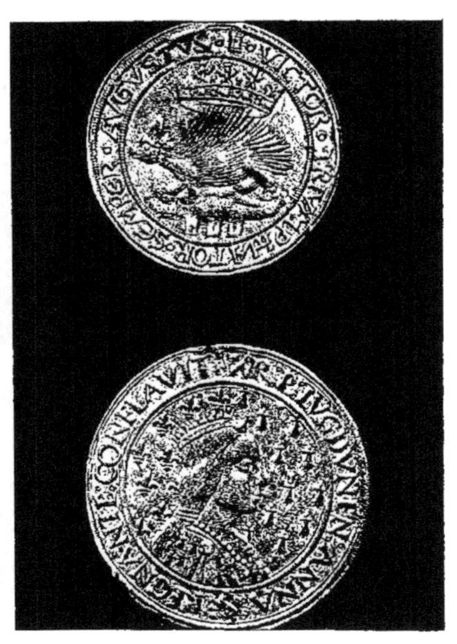

Fig. 108. — Médailles en or, l'une de Charles VIII, l'autre de Louis XII et Anne de Bretagne. Revers (Cabinet des Médailles).

queau et celles de Simon Costière qui sont en bronze, la médaille d'or de Henri II.

Le XVIIᵉ siècle a été l'époque la plus brillante pour la médaille française. La collection de la Bibliothèque nationale conserve les belles médailles en argent de Marie de Médicis et de Louis XIII enfant (fig. 112 et 113) par Guillaume Dupré, l'auteur de la médaille en bronze de Henri IV (fig. 114), les médailles de

Richelieu par Warin, de Charles de l'Aubespin, du Grand Condé par Chéron (fig. 115).

Le caractère de telles œuvres montre assez que les Guillaume Dupré, les Warin ou les Chéron sont dignes d'autant de gloire que les médailleurs italiens de la Renaissance.

L'on ne saurait affirmer qu'il ait été égalé de nos jours.

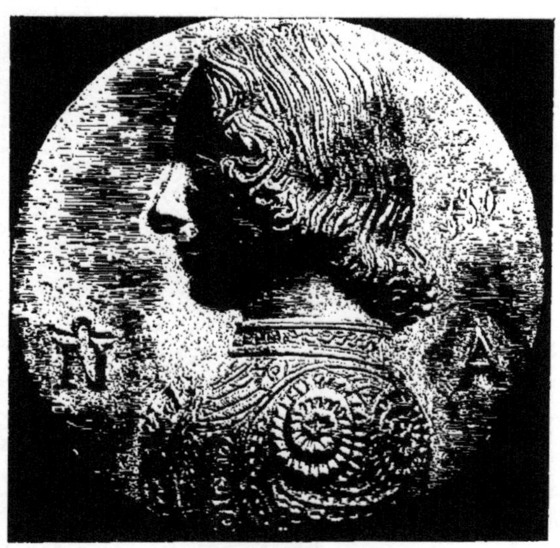

Fig. 109. — Médaille en bronze de Niccolo Acciaiuoli
(Cabinet des Médailles).

Il n'est pas d'art qui exige une plus complète union de l'esthétique et de la technique : toutes les œuvres admirables du passé furent, ou gravées par l'artiste s'il s'agissait de monnaies frappées, ou modelées par lui à leur dimension, s'il s'agissait de médailles devant être fondues.

Or la difficulté qu'il y a à graver directement ou à modeler une œuvre délicate explique la faveur dont jouit, dès son emploi, qui remonte à plus d'un siècle, le tour à réduire.

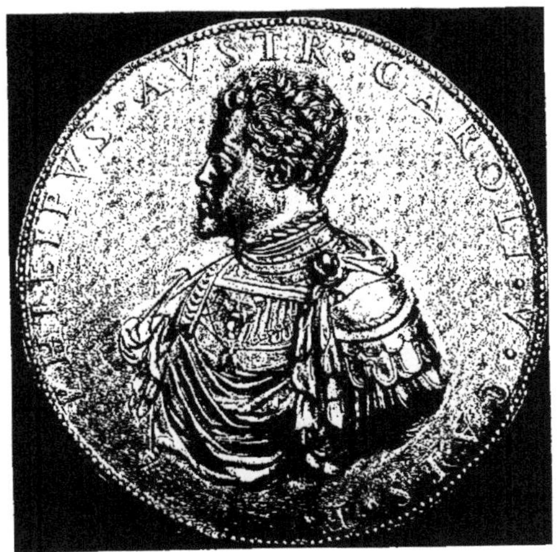

Fig. 110. — Médaille en or de Philippe II, par Leone Leoni
(Cabinet des Médailles).

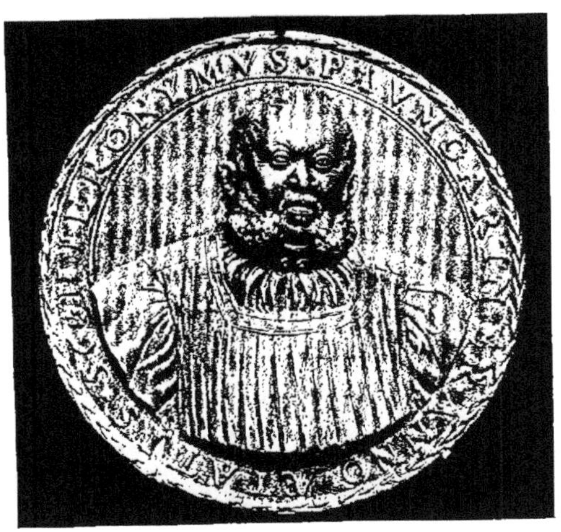

Fig. 111. — Médaille en argent de Jérôme Baumgartner
(Cabinet des Médailles).

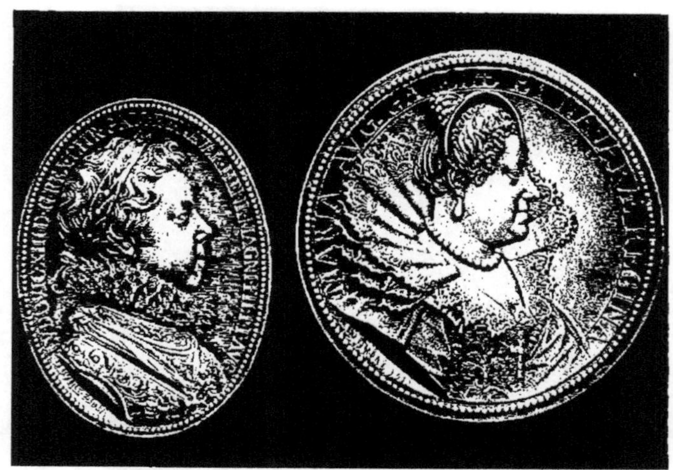

Fig. 112. — Médailles en argent de Louis XIII enfant et de Marie de Médicis,
par Guillaume Dupré-Droit (Cabinet des Médailles).

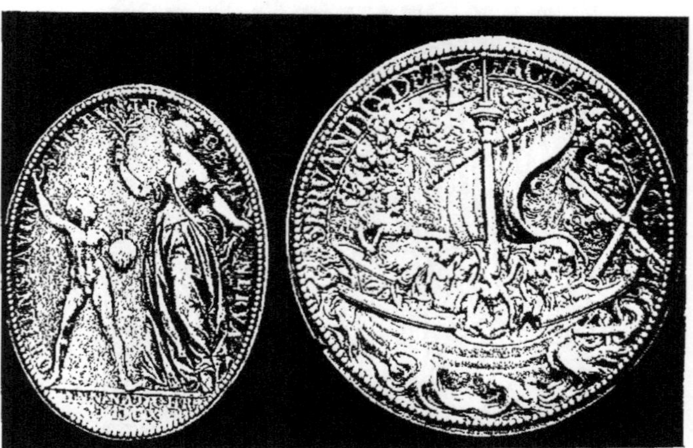

Fig. 113 — Revers des mêmes médailles.

L'invention des tours à réduire a complètement modifié l'exécution des monnaies et des médailles. Un sculpteur exécute à grande échelle un bas-relief dont la réduction s'effectue mécaniquement, soit sur le relief, soit dans le creux, pour fournir, à l'échelle déterminée, la matrice ou le poinçon qui doit servir à la frappe. Si la réduction s'opère dans le creux, la matrice est

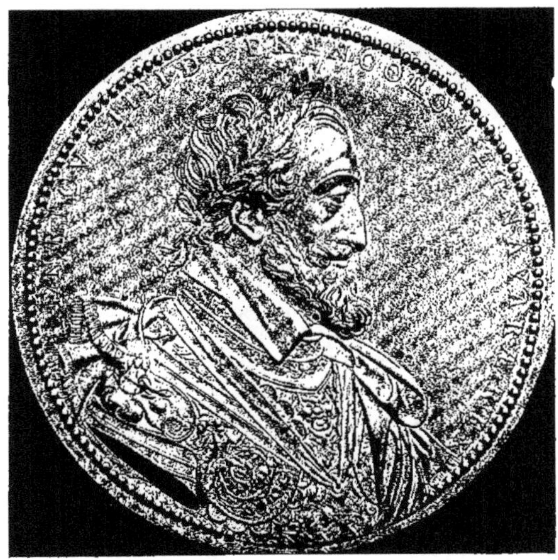

Fig. 114. — Médaille en bronze de Henri IV, par Guillaume Dupré
(Cabinet des Médailles).

obtenue directement par le tour à réduire ; si elle se fait sur un relief, on obtient un poinçon qui, trempé, sert à obtenir par la frappe la matrice ou le coin.

Le système du tour à réduire, très simple en principe, a donné lieu à de nombreux perfectionnements. Le Conservatoire des Arts et Métiers possède les différents types de ces tours (Merklein, Colas, Mouchon et Contamin, etc.), qui tous procèdent à la réduction par triangles semblables. L'écartement du type ori-

ginal et du type en réduction, qui sont reliés à un arbre horizontal et animés d'un mouvement circulaire autour de leur centre,
détermine l'échelle du type réduit.

Le type original a été successivement en fonte de fer, en métal
de cloche ou en bronze, enfin en cuivre obtenu par la galvanoplastie.

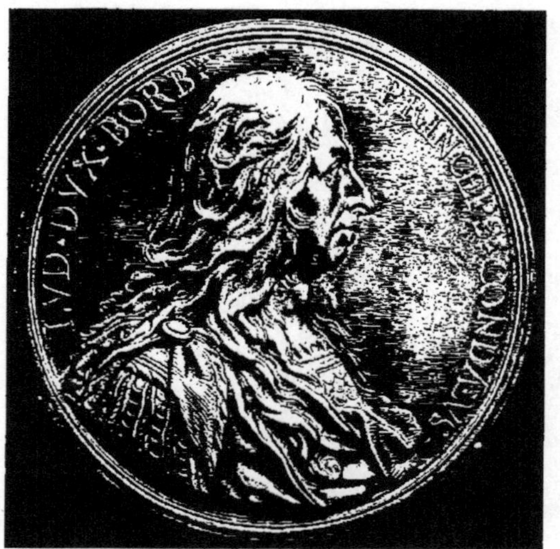

Fig. 115. — Médaille en argent du Grand Condé, par Chéron
(Cabinet des Médailles).

Dans les tours primitifs, le levier articulé, ayant à la fois mouvement de translation au moyen d'une vis et d'engrenages suivant le rayon d'un cercle dans le plan vertical et mouvement de
rotation dans le plan horizontal, est muni de deux pointes dont
l'écartement est déterminé par l'échelle de la réduction. L'une,
pointe « mousse », s'appuie sur le type à réduire dont elle suit
exactement les reliefs et les creux, tandis que la pointe d'acier
trempé, agissant sur la masse d'acier qui formera le poinçon ou

la matrice, suit le mouvement de la pointe mousse et trace en
creux ou en relief l'empreinte du type à réduire (fig. 116).

La pointe était d'abord fixe ; on essaya ensuite de la fraise
pour faciliter le débourrage du métal sous la pointe de l'outil,
mais elle creusait un sillon trop large et déformait l'empreinte.

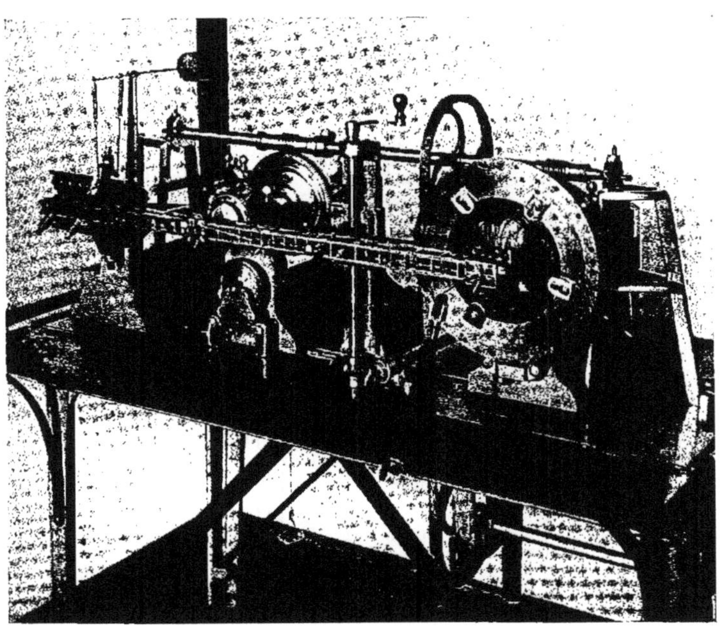

Fig. 116. — Tour à réduire (Musée du Conservatoire national des Arts et Métiers).

Les derniers perfectionnements, apportés par Tasset au tour à
réduire, ont eu pour résultats l'équilibre parfait du levier, si parfait que la pointe mousse peut prendre appui sur un bronze
patiné sans en enlever la patine, et la régularisation du mouvement par l'emploi d'un moteur électrique, ce qui évite les inter-
ruptions qui se produisaient lorsque le tour était actionné par
une pédale.

Lorsqu'il s'agit de réduire une médaille à mouler, c'est sur le modèle en plâtre durci qu'agit la pointe mousse et la pointe d'acier fait la réduction sur un type en paraffine qu'on moule en gutta plombaginée pour le dépôt galvanoplastique, l'épreuve étant réparée par l'artiste pour fournir, après réparage, le moule à utiliser pour la fonte.

Le tour à réduire aurait pu, sans nuire à l'art, rendre service à l'artiste, si celui-ci ne l'avait considéré que comme un outil intermédiaire entre une recherche à une échelle de dimension plus grande et par suite plus facile, et l'exécution à l'échelle définitive, par une méthode inverse de celle qui consiste, pour des décorations monumentales, à grandir un carton à échelle moindre par le pantographe, la projection lumineuse ou la simple mise au carreau.

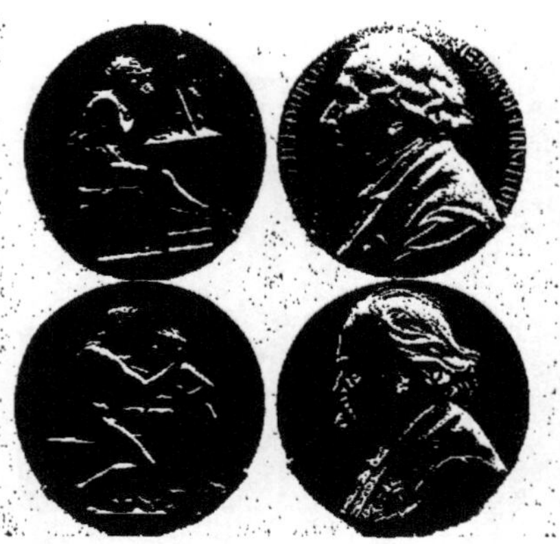

Fig. 117. — Médailles d'Henriquel Dupont et de Joseph Bertrand, par Chaplain.

Mais tout travail mécanique ou machinal de ce genre ne saurait remplacer l'exécution elle-même de l'original à sa véritable dimension, parce qu'une des lois immuables de la composition artistique est qu'à tout changement d'échelle correspond un changement d'interprétation.

Or la machine ne peut pas interpréter.

Il ne faut lui demander que ce qu'elle peut donner, c'est-à-dire l'exécution rapide et parfaite ; à cet égard de très grands progrès ont été réalisés de nos jours pour la frappe des monnaies.

Après le balancier à levier qui fonctionnait au temps de

Louis XIV, la transmission de la force motrice a permis de monter le balancier à friction.

Chaque coup de balancier écrouit le métal qui doit passer après chaque frappe dans le four à recuire. Si la frappe était faite à deux coups de balancier, le second, étant donné sur le métal écroui, risquerait d'abîmer le coin.

Actuellement, qu'il s'agisse de monnaies ou médailles, le métal en lingots est refondu dans des creusets en plombagine, puis coulé dans des moules pour être ensuite laminé en bandelettes plates et mis à l'épaisseur de la pièce ou de la médaille; les flans sont découpés mécaniquement dans ces bandes laminées.

Les monnaies sont frappées automatiquement à la presse, les flans descendant par une sorte de tube pour se placer en face d'un ressort qui les amène sous la presse. En raison de leur faible épaisseur, les pièces de monnaie sont frappées d'un seul coup.

L'usage intégral du tour à réduire a porté un coup funeste à nos monnaies, parce que trop d'artistes ont fait à grande échelle des compositions allégoriques qui ne donnent, après réduction, que mollesse et confusion.

Les conséquences en furent moins graves pour les médailles, parce que le module définitif y est plus grand et que les saillies, interdites par la nécessité d'empilage des monnaies, y sont plus fortes. D'ailleurs l'usure ne les menace pas comme elle le fait pour les monnaies.

Aussi des artistes, tels que Chaplain, Roty ou Lefebvre ont-ils pu réussir de beaux portraits (fig. 117 et 118) ou d'émouvantes allégories.

C'est par le développement de l'enseignement technique et de la pratique des métiers que, comme les autres et plus encore peut-être que les autres arts, l'art des monnaies et des médailles pourra renaître et produire des œuvres modernes comparables, par la simplicité de la composition, par la fermeté du contour et du modelé, par la délicatesse des accents, aux chefs-d'œuvre passés.

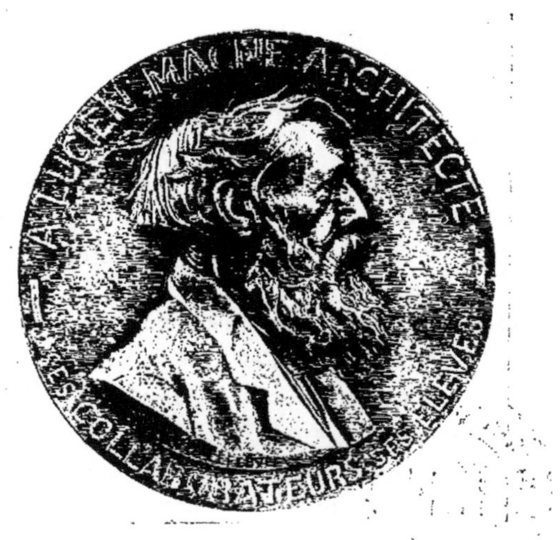

Fig. 118. — Médaille de Lucien Magne,
par Hippolyte Lefebvre.

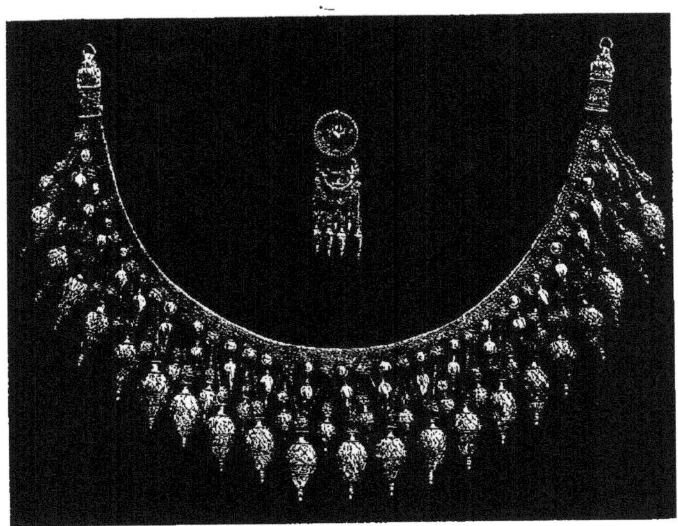

Fig. 119. — Parure trouvée dans la Russie méridionale.

TABLE DES GRAVURES [1]

1. Les gravures publiées dans ce volume ont été généralement exécutées d'après les photographies des auteurs.

Les figures 2, 13, 16, 31, 47, 49, 50, 53, 57, 74, 76, 87, 90 à 93 sont faites d'après les clichés des Archives des Monuments Historiques ; les figures 21, 27 à 30, 43, 44, 48, 59, 75, 77, 78, 80, 81, 88, 89 et 94, d'après les clichés Giraudon ; les figures 67, 68 et 116, d'après les clichés « Art et décoration » ; les figures 70 et 71, d'après les clichés Rieder ; les figures 14, 18 et 19, d'après les clichés J. Lévy ; la figure 45, d'après un cliché Malténi ; la figure 55, d'après un cliché Anderson, et la figure 79, d'après un cliché Alinari.

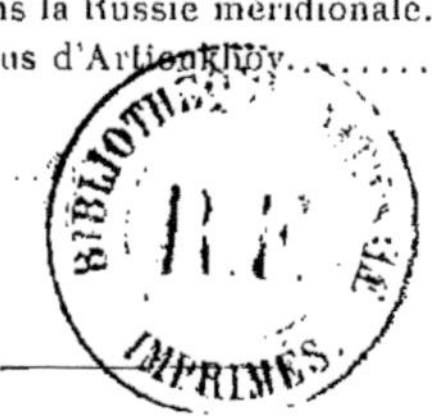

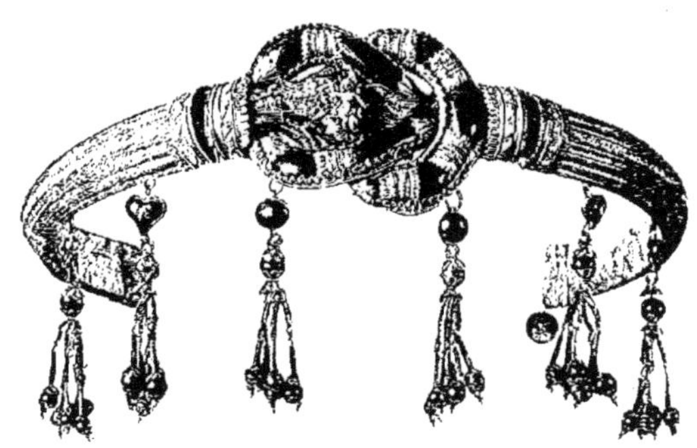

Fig. 120. — Diadème du tumulus d'Artioukhov.

TABLE DES MATIÈRES

LE PLOMB. L'ÉTAIN. — L'ARGENT ET L'OR

MACON, PROTAT FRÈRES, IMPRIMEURS.

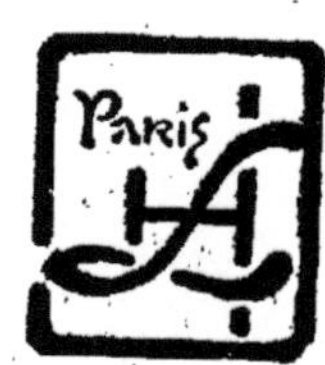